출.애.굽. 프.로.젝.트. 3. 단.계.

복음 나라

양익모 지음

한국장로교출판사

많은 그리스도인들이 거듭나기는 했지만 구원 그 이후의 삶에 대하여 일목요연한 답을 갖고 있지 못합니다. '복음 나라' 라는 구원의 과정을 통해 그 답을 제시하고 있습니다.

거듭난 그리스도인은 어떤 존재가 되어야 합니까?(Identity)

거듭난 그리스도인이 해야 할 일은 무엇입니까?(Mission)

나는 아직도 존재의 의미와 신앙의 방향과 목적도 없이 살아가고 있는 것은 아닙니까? 이 책의 짧은 메시지를 통하여 그리스도인의 정체성과 사명을 찾을 수 있기를 바랍니다.

우리 인간은 하나님의 형상으로 지음을 받고 하나님의 대행자로서 다스림의 권세를 지녔던 자였습니다. 그러나 타락으로 하나님의 형상도 다스림의 권한도 다 잃어버렸습니다. 에덴동산에서 쫓겨나 생로병사의 과정을 겪고 갈 곳 모르고 떠나야 했던 존재입니다.

그러나 하나님은 자신의 약속을 따라 예수님을 이 땅에 보내시고 모든 것을 회복시켜 주셨습니다. 하나님의 형상(Sonship)도 통치권(Kingship)도 회복시켜 주셨습니다. 하나님 나라(The Kingdom of God)도 회복시켜 주셨습니다.

따라서 예수님을 믿는 우리들은 하나님의 형상을 회복하고 통치권을 가진

머리말

하나님의 대행자로서 이 땅에 하나님 나라를 건설해야 합니다. 그렇게 살다가 하나님이 부르시면 하늘에 있는 하나님 나라로 가야 합니다. 그것이 우리가 추구해야 할 '복음 나라' 입니다.

필자는 구원 그 이후의 삶에 대하여 수년을 고민했습니다. 물론 이런저런 답이 없었던 것은 아닙니다. 그러던 중 목회자성경연구원 박승호 목사님의 복음의 재발견과 출애굽기 강의를 통하여 일목요연한 답을 찾을 수 있었습니다.

감격스런 맘으로 그 핵심주제들을 본 교회 강단에서 선포했습니다. 저와 같이 구원 그 이후의 삶에 대해 고민하시는 성도님들께 좋은 믿음의 길잡이가 되었으면 합니다. 귀한 가르침을 주신 스승 박승호 목사님께 감사 드립니다.

각 장에서 다루어지는 워크숍 프로그램은 주제와 관련하여 개인 혹은 집단이 질문기법이나 미술 치료 기법, 인간관계 훈련, 게임 등을 통하여 하나님 앞에서의 구체적인 자기 성찰과 풍성한 나눔을 경험하는 데 그 목적을 두고 있습니다.

따라서 각 프로그램을 활용해 본 바 개인에게는 자신을 돌아봄으로 삶에 대한 통찰과 성숙을, 집단에게는 서로를 좀더 이해하고 친밀감을 형성하는데 효과적인 것으로 드러났습니다. 워크숍 프로그램들 중 각 개인이나 집단에 적절한 항목을 선택하여 활용해 봄으로 흥미롭고 풍성한 나눔의 시간들이 경험되길 기대합니다.

제공해 주신 이은주(계명대학교 대학원 상담학 전공) 선생님께 감사드립니다.

일러두기

본 교재는 메시지를 개인적으로나 공동체에서 함께 공부할 수 있도록 꾸몄습니다. 따라서 보다 효과적인 학습을 위해 몇 가지 일러둡니다.

첫째, 본문 성경말씀을 3번 이상 읽습니다.

둘째, 제목과 연계하여 중심 주제를 찾습니다.

셋째, 본문 메시지를 천천히 읽습니다. 공동체에서 함께 공부할 경우 자유로운 방법으로 읽도록 합니다.

넷째, 읽는 동안 리더는 단락별로 구성원들에게 내용을 설명해 줄 수 있고 질문할 수도 있습니다.

다섯째, 충분히 본문 이해가 되었다고 생각되면 '적용과 나눔'에서 내용을 정리합니다. 그리고 공동체가 함께 나누어야 합니다.

여섯째, '워크숍'을 통하여 자아 성찰과 깊이 있는 적용이 가능하고, 흥미 있고 다이나믹한 학습이 이루어질 것을 기대합니다.

찬양과 기도는 주제에 맞게 공부 전후로 적절히 할 수 있습니다. 영적인 분위기를 조성함이 중요하며 나눔 후에는 함께 공동으로 기도함이 좋겠습니다.

차 례 Contents

[1장]

우리를 지으신 목적

창세기 1 : 26~28

“하나님이 이르시되 우리의 형상을 따라 우리의 모양대로 우리가 사람을 만들고 그들로 바다의 물고기와 하늘의 새와 가축과 온 땅과 땅에 기는 모든 것을 다스리게 하자 하시고 하나님이 자기 형상 곧 하나님의 형상대로 사람을 창조하시되 남자와 여자를 창조하시고 하나님이 그들에게 복을 주시며 하나님이 그들에게 이르시되 생육하고 번성하여 땅에 충만하라, 땅을 정복하라, 바다의 물고기와 하늘의 새와 땅에 움직이는 모든 생물을 다스리라 하시니라”

젊은이들이 웃으려고 만든 얘기 같습니다. 69번 시내버스가 달리다가 사고가 나서 많은 사람들이 죽고 다쳤습니다. 이 사람들 가운데 가장 억울하게 죽은 사람은 누구일까요?

첫째, 96번 버스를 타려다가 69번으로 잘못 보고 탄 사람
둘째, 버스가 막 출발하려는데 뒤에서 달려와 버스 꽁무니를 두들겨 세워서 간신히 탄 사람
셋째, 졸다가 내릴 정류장을 깜빡 지나쳐 한 정류장 더 가다가 죽은 사람
넷째, 내일 장가가려고 목욕탕 가다가 죽은 사람

물론 웃으라고 하는 이야기입니다. 그러나 이처럼 말도 안 되는 일들이 우리 곁에서 많이 일어나고 있다는데 삶의 고통이 있습니다. 어떤 사연이든 숫자를 잘못 봐 탔든, 꼴지로 탄다고 탔든, 장가갈 사람이 탔든, 뜻하지 않게 떠나야 하는 것이 우리네 인생입니다. 이렇듯 우리 인생은 이 세상에서 잠깐 살다가 떠나야 하는 존재입니다. 우리는 내 곁에 있는 사람들이 떠날 때마다 나는 누구이며, 무엇을 하다가 어디로 가야 하는가에 대한 질문을 하지 않을 수 없습니다. 이 문제에 대한 답은 창세기를 통해 얻을 수밖에 없습니다. 하나님은 우리를 어떤 존재로 지으셨습니까? 나는 이 땅에서 무엇을 해야 합니까? 그리고 어디로 가야 합니까?

1. 나는 어떤 존재입니까?

"하나님은 우리의 형상을 따라 우리가 사람을 만들고"(창 1 : 26).

하나님의 심사숙고 끝에 우리가 만들어졌습니다.

우리라는 말은 성부, 성자, 성령을 가리키는 말로 복수형으로 사용하기도

합니다. 그러나 여기서 우리란 하나님이 깊이 고민하시고, 계획하시고, 논의하신 끝에 사람을 만들기로 하셨다는 것입니다. 다른 세상 만물들은 다 있으라 해서 있었습니다. 그러나 사람만은 깊은 생각 속에서 만들어졌음을 깨달아야 합니다.

그러므로 나는 던져진 존재가 아닙니다. 창조의 마지막 단계에서 예술가이신 하나님이 최선을 다하여 만드신 작품입니다. 나는 하나님의 걸작품입니다. 하나님의 깊은 계획과 논의 속에서 나를 보내셨기에 나는 이 세상을 아무렇게 살아서는 안 될 것입니다. 이 세상에서 태어나 비슷한 사람은 있을지 몰라도 나와 똑같은 사람은 한 명도 없습니다. 어머니 배에서 함께 태어난 쌍둥이도 같지 않습니다. 그러기에 지문도 62억의 사람들이 다 다른 것입니다.

이유가 무엇입니까? 왜 같은 사람을 만들지 않았습니까? 그것은 이 세상에 사람이 이렇게 많지만 나는 유일한 존재임을 가르쳐 주는 것입니다. 하나님이 유일한 분이시듯 나도 그렇습니다. I am "The one." 그렇습니다. 나는 누구도 흉내 낼 수 없는 나만의 독특성을 가지고 태어났습니다. 하나님은 나를 그렇게 보신다는 것입니다. 내가 하나님 앞에서 유일한 사랑의 대상이라는 말입니다.

저희 어머니는 7남매를 두셨습니다. 7남매가 다 자식이지만 다 같지 않았습니다. 맏아들은 든든하여 집안의 버팀목이어서 좋았고, 둘째는 영적으로 위로와 기쁨이 되었고, 막내는 편안해 하셨습니다. 하나님은 우리가 이 지구상에 사랑할 대상이 나 하나밖에 없는 것처럼 그렇게 사랑하고 싶어 우리 한 사람 한 사람을 그렇게 지으셨습니다. 그러므로 나는 하나님의 유일한 사랑의 대상임을 알고 그 사랑을 믿고 살아갈 수 있기를 바랍니다.

그리고 나는 나여야 합니다. 내가 다른 사람 흉내만 내며 살아야 할 이유가 없습니다. 다른 사람에게 피해를 주지 않는 한 어떻게 살든 그것을 가지고 문제 삼지 않기를 바랍니다. 목사님들 중에는 유명한 스승 목사님을 닮고 싶어 말의 톤과 제스처를 쏙 빼닮게 설교하는 것을 들었습니다. 이해는 하지만 듣기가 거북했습니다. 나는 나의 삶을 살아갈 수 있기를 바랍니다. 중국 음식점에 가서 음식을 시킬 때에도 자신이 먹고 싶은 것을 주문할 수 있어야 합니다.

그리고 다른 사람들이 다 유행을 타는 옷을 입어도 나는 내 스타일대로 입을 수 있어야 합니다. 나는 나여야 합니다. 나의 개성과 적성을 따라 그렇게 살아야 합니다.

하나님의 형상과 모양을 따라 만들어졌습니다

하나님의 형상과 모양으로 만드셨다는 것은 무엇을 의미합니까? 우리의 외형이 그렇다는 것이 아니라 우리의 본질이 그렇다는 것입니다. '형상' 이라는 말은 영어로 'Image of God' 입니다. 히브리어로 '첼렘' 이라 하는데 그것은 조각가가 큰 대리석을 가지고 조각을 만들 때 잘라 낸 작은 파편을 나타내는 말입니다. 좀더 구체적으로 말씀드리면 하나님은 하나님의 씨를 인간에게 넣어 두셨다는 것입니다. 요즘 과학으로 말하면 하나님의 DNA가 들어 있다는 말입니다.

하나님의 씨, 그것은 무엇일까요? 인간을 영적인 존재로 만드셨다는 것입니다.

전도서 3장 11절에 따르면 우리를 '영원을 그리워하고 영원한 분을 찾는 존재' 로 만드셨습니다. 세상 모든 것을 다 가졌어도 이 영혼에 대한 문제가 해결되지 않으면 인간은 고독한 존재가 될 수밖에 없습니다. 인간에게 영혼을 주셨다는 것은 영이신 하나님과의 관계를 통하여만이 영적인 만족이 있음을 말씀하고 있습니다. 그러기에 예수님도 사람이 떡으로만 사는 것이 아니요 하나님의 입으로 나오는 말씀으로 사는 존재라고 하셨습니다(마 4 : 4).

여러분은 하나님과의 관계가 어떠합니까?

누가복음 12장에 부자 얘기가 나옵니다. 아무리 부자로 세상에서 누리며 즐기고 산다 해도 영혼을 오늘 밤에 하나님이 부르시면 의미가 없다는 것입니다. 영혼의 만족, 그것은 내가 영적인 존재이기에 하나님을 만나야 합니다.

하나님이 우리를 하나님의 형상으로 지으셨다는 것은 내 속에 하나님의 상이 들어 있다는 것입니다. 최고의 예술가이신 하나님의 형상이 들어 있으니 귀합니다. 하나님은 우리를 한 줌의 흙으로 빚으시고 당신의 숨을 불어넣으셨습니다. 하나님의 숨결이 담겨진 존재기에 인간은 누구든 다 존귀한 존재입니다.

16세기 때 예수를 믿던 학자 뮤리터스가 여행 중에 병이 났습니다. 그를 고치기 위해 불려 온 의사들은 그가 누구인지 알아보지 못했습니다. 그는 한낱 평범한 사람으로 보였기 때문에 의사들은 자기들끼리 서로 이야기했습니다. "이 환자는 별로 중요한 사람 같지 않으니 이 사람으로 실험을 한번 해 봅시다." 이 말을 들은 뮤리터스는 의사들에게 "인간들을 위해 그리스도께서 대신하여 죽으셨으니 어떤 사람도 값없다고 하지 마시오."라고 했다는 것입니다.

죄 없으신 예수님이 죽으신 대가로 내가 존재합니다. 그러므로 한 영혼의 가치는 예수님이 십자가에서 치르신 값으로 결정됩니다. 그렇다면 이 세상에 어떤 사람도 멸시를 당해서는 안 됩니다. 무시당해서도 안 됩니다. 서로가 서로를 존중해 주어야 합니다. 인격을 존중해 주어야 합니다. 배운 것이 없어도 존중해 주어야 합니다. 가진 것이 없어도 존중히 여겨 주어야 합니다. 교양이 좀 부족해도 귀하게 대해 주어야 합니다.

또한 하나님의 형상을 지녔다는 것은 무엇을 의미합니까?

우리는 하나님을 보여 주어야 하는 사람들이라는 말입니다. 인간은 자신이 노력하는 데에 따라 천사처럼 될 수도 있고 마귀처럼, 짐승처럼 될 수도 있습니다. 어떤 철학자는 인간은 시계추와 같다고 했습니다. 신과 짐승 사이에 왔다 갔다 하는 존재라는 말입니다. 여러분, 우리의 신앙의 목표는 무엇입니까? 우리의 영적인 목표는 하나님의 얼굴을 드러내는 삶입니다. 다른 사람과 비교하는 것은 별로 의미가 없습니다. 하나님 앞에서 내가 얼마나 하나님을 닮았는가가 문제입니다. 나는 이제 가정에서, 교회에서, 사회생활 속에서, 직장에서 하나님의 얼굴을 보여 주어야 하는 사람임을 깨닫고 하나님을 보여 줄 수 있기를 바랍니다.

나를 통해서 호랑이 모습이 나오지 않게 해야 합니다. 나를 통해서 살쾡이 모양이 나오지 않게 해야 합니다. 내 모습을 통하여 나의 이웃들이 "저 사람 보니 나도 예수를 믿어야지!" 하는 말이 나올 수 있는 하나님의 얼굴이 되시기를 바랍니다. 무엇을 많이 하는 것도 중요하지만 어떤 존재가 되느냐가 더 중요합니다.

2. 나는 무엇을 하는 사람입니까?

"그들로 바다의 물고기와 하늘의 새와 가축과 온 땅에 기는 모든 것을 다스리게 하자"(26절)라고 했습니다.

자연을 다스리는 존재

하나님은 인간이 무엇을 하도록 지으셨습니까? 하나님의 대리권자로 자연 만물을 다스리기 위해 우리를 지으셨습니다. 그것을 통치권이라 합니다. 하나님의 형상으로 지었다는 것은 인간에게 왕권을 주셨다는 것입니다. 옛날에 왕들은 자기가 통치하는 곳에 자기 형상의 동상을 만들어 곳곳마다 세워 놓았습니다. 뿐만 아니라 동전에 왕의 형상을 새겨 통용시켰습니다. 그것은 그 동전이 사용되는 곳은 모두 왕이 다스리는 곳이라는 뜻입니다.

우리는 하나님의 대리권자들입니다. 그래서 피조물을 다스려야 합니다. 그러므로 하나님이 주신 이 자연은 경배의 대상이 될 수 없고, 숭배의 대상이 될 수 없습니다. 또한 하나님이 주신 선물이기에 함부로 파괴해서는 안 됩니다. 선한 관리자로서 그것을 잘 보존하고 발전시키고 번성하게 해야 합니다.

이 세상에 많은 사람들이 하나님이 주신 자연을 숭배하고 있습니다. 팔공산의 갓바위를 섬기고 있습니다. 그것은 다스려야 합니다. 또한 지금 우리는 왕 같은 존재로 하나님의 뜻을 따라 다스리는 존재가 되어야 합니다. 그런데 다스림을 받고 있습니다. 물질의 노예가 되어 살아가고 있습니다. 죄의 노예가 되어 살아가고 있습니다.

우리는 하나님의 뜻을 따라 하나님의 일을 하라고 부름 받았습니다. 하나님이 주신 에덴동산을 관리하는 일입니다. 그렇다면 우리가 하나님의 형상으로 해야 할 본래의 임무는 무엇입니까?

하나님 나라를 만드는 일입니다. 우리는 천국 건설을 위해 부름 받았습니다. 내가 속한 가정이 천국이 되어야 합니다. 교회가 천국이 되어야 합니다. 내가 살고 있는 세상이 천국이 되도록 만들어 가야 합니다.

하나님께 영광을 돌리는 존재

전도서 12장은 인생의 본분이 무엇인지 가르쳐 주고 있습니다. "너는 너희 창조자를 기억하라 하나님을 경외하라 이것이 사람의 본분이니라"(12 : 1, 13).

이사야 43 : 7과 21절 말씀에서 보듯 하나님께 영광을 돌리는 것이며, 하나님을 찬송하는 것입니다. "그런즉 너희가 먹든지 마시든지 무엇을 하든지 다 하나님의 영광을 위하여 하라"(고전 10 : 31). 무엇을 하든지 하나님의 이름을 높이는 것입니다.

하나님께 영광을 돌리는 것이 무엇입니까? 하나님이 기뻐하시는 삶입니다. 어떻게 해야 하나님께 영광을 돌리는 것입니까? 릭 워렌은 「목적이 이끄는 삶」에서 이렇게 말하고 있습니다.

예배를 통해서 영광을 돌립니다. 예배는 그분을 즐기라고 초청하신 것입니다. 그분의 존재와 하신 일들을 통하여 그분을 높여 드리고, 함께 사랑을 나누며, 축제를 갖는 것입니다. 우리의 삶이 그분의 영광을 드러낼 때 모든 일이 예배가 되는 것입니다.

또한 다른 사람을 사랑할 때 하나님이 영광 받으십니다. 우리가 거듭나는 순간 하나님 나라의 가족이 되는 것입니다. 여기서 서로 사랑하는 법을 배워야 합니다. 하나님이 우리를 사랑하시듯 그렇게 사랑할 때 하나님은 영광을 받으십니다.

그리스도를 닮아 감으로 영광을 돌립니다. 우리가 영적으로 태어나 성숙한 신앙인이 되어야 합니다. 우리의 인격이 예수님을 닮아 갈 때 그분은 영광을 받으십니다(빌 1 : 11). 내가 가진 은사로 다른 사람을 섬길 때 영광을 돌립니다. 다른 사람들에게 하나님에 대하여 말함으로 영광을 돌립니다. 하나님이 나를 얼마나 사랑하시는지, 내게 어떤 은혜를 베푸셨는지, 그래서 다른 사람들도 예수님을 믿어 하나님 나라를 누리게 해야 합니다.

3. 어디로 가야 합니까?

우리는 내가 살고 있던 이 지구상에서 하나님 나라를 누리고 만들어 가야 합니다. 그러다가 이 땅을 떠나면 하나님이 예비해 놓으신 새로운 에덴동산 천국으로 가야 합니다.

세상에서 진정한 성공이란 무엇일까요? 하나님이 지으신 목적대로 사는 것입니다. 내가 하나님의 얼굴을 얼마나 드러냈는가? 하나님의 대행자로서 얼마나 하나님의 뜻을 이루어 드렸는가? 얼마나 천국 건설에 앞장섰는가?

그리스도인이자 작가였던 아서 고든(Arthur Gordon)이 어느 날 갑자기 우울증에 빠졌습니다. 무력증에 빠진 그는 더 이상 글을 쓰지 못할 지경에까지 이르렀습니다. 작가가 글을 쓸 수 없다는 충격은 사형선고나 마찬가지였기 때문에 그는 자살을 생각하기도 했습니다. 그러다가 의사이면서 상담자인 친구를 찾아가 자신의 어려운 사정을 모두 털어놓았습니다.

"나는 더 이상 살고 싶지 않네." 우울증과 무력증으로 고민하는 고든의 이야기를 듣고 있던 친구가 물었습니다. "자네가 어렸을 때 가장 하고 싶어했고 좋아했던 일은 무엇이었나?" "내가 어렸을 때 좋아했던 것은 해변에서 파도 소리를 듣는 일이었지." "그러면 내가 시키는 대로 한 번 따라해 보겠나?" 의사인 친구는 시간마다 다른 처방전을 네 장의 종이에 써 주었습니다. 별다른 대안도 없고 희망도 없었던 고든은 친구가 써 준 처방전을 가지고 어린 시절 자주 놀러 갔던 해변으로 갔습니다. 친구의 말대로 아침 아홉 시에 첫 번째 처방전을 펴 보았습니다. "자네가 좋아하는 파도 소리, 갈매기 소리를 잘 들어 보게." 우스꽝스럽지만 처방대로 바닷가에 앉아 어린 시절 듣던 파도 소리와 갈매기 소리에 귀를 기울입니다.

조금 후 열두 시가 되어 두 번째 처방전을 펼쳤습니다. “이제 자네가 어렸을 때부터 지금까지 살면서 참 행복했다고 기억되는 순간들을 생각해 보게.” 그는 바다를 바라보며 행복했던 추억들을 하나씩 떠올리자 마음에 조금씩 기쁨이 생겼습니다.

시간이 더 지나 세 시에 세 번째 처방전을 펴 보았습니다. “자네 인생의 동기와 의미를 다시 한번 검토해 보게.” 그는 자신이 왜 글을 쓰는지 생각해 보았습니다.

깊이 생각해 보니 글을 쓰는 이유가 자기의 명예와 이름을 내고 사람들에게 박수갈채를 받기 위한 것이었음을 알게 됩니다. 생각이 여기까지 미치자 갑자기 마음에서 “나는 그리스도인이면서도 하나님의 영광을 위해 살지 않고 의미 없고 헛된 내 이름을 위해서 살았구나!”라는 깨달음이 왔습니다. 그동안 자신의 추했던 삶의 모습을 발견하자 그의 눈에서 눈물이 쏟아지기 시작합니다.

저녁 여섯 시가 되자 친구가 준 마지막 네 번째 처방전을 폈습니다. “이제 자네의 죄를 하나님께 자백할 시간이네. 자네가 자백해야 할 죄들을 모래사장에 써 보게.”

고든은 눈물을 흘리면서 모래사장에 이렇게 써 내려가기 시작합니다.

“하나님, 저는 하나님의 영광을 위해서가 아니라 제 이기심과 욕망과 출세를 위해서 살았습니다. 하나님을 제대로 섬기지 못했고 내 이웃을 진정으로 사랑하지도 못했습니다.”

그런데 그가 자신의 수많은 죄들을 다 쓰기도 전에 갑자기 바다의 밀물이 들어와 그가 써놓은 그의 죄들을 한꺼번에 다 지워 버리는 것입니다. 이 모습을 본 고든은 그 자리에서 일어나 하나님을 찬양하였고, 그 순간은 그의 인생에 전환점이 된 시간이었습니다. 헬렌 켈러가 남긴 유명한 말이 있습니다. “인생이란 정말 멋있는 것이다. 그러나 가장 멋있는 인생은 남을 위해 사는 것이다.”

적용과 나눔

1. 하나님이 인간을 지으신 목적이 무엇입니까?(사 43 : 7, 21, 고전 10 : 31-33)

2. 하나님은 인간을 어떻게 지으셨습니까?

3. 우리는 어떻게 해야 하나님의 영광을 드러낼 수 있습니까?

우리를 지으신 목적

W.o.r.k.s.h.o.p.

1. 내 속에 있는 하나님의 DNA, 하나님의 씨앗을 발견해 보자.

2. 소중한 내 이름을 꾸며 보자.
켄트지에 자신의 이름을 그리고 크레파스, 색종이, 스티커 등으로 예쁘게 꾸민 후 이름의 의미를 발표한다.

3. 소중한 내 이름으로 삼행시를 지어 본다.

4. 최고의 작품으로 모션 잇기
한 사람이 멋진 포즈를 취하면 이에 연결하여 또다른 사람이 각각 다른 포즈를 연결해 봄으로써 새로운 창작품을 만들어 간다.

5. 파트너 소개하기(인터뷰 게임)
두 사람씩 짝을 지어 정해진 시간 안에 상대방에 대해 인터뷰한 내용을 서로 발표하거나 광고한다.

2장

에덴동산

창세기 2 : 8~17

“여호와 하나님이 동방의 에덴에 동산을 창설하시고 그 지으신 사람을 거기 두시니라 여호와 하나님이 그 땅에서 보기에 아름답고 먹기에 좋은 나무가 나게 하시니 동산 가운데에는 생명나무와 선악을 알게 하는 나무도 있더라 강이 에덴에서 흘러 나와 동산을 적시고 거기서부터 갈라져 네 근원이 되었으니 첫째의 이름은 비손이라 금이 있는 하윌라 온 땅을 둘렀으며 그 땅의 금은 순금이요 그곳에는 베델리엄과 호마노도 있으며 둘째 강의 이름은 기혼이라 구스 온 땅을 둘렀고 셋째 강의 이름은 힛데겔이라 앗수르 동쪽으로 흘렀으며 넷째 강은 유브라데더라 여호와 하나님이 그 사람을 이끌어 에덴동산에 두어 그것을 경작하며 지키게 하시고 여호와 하나님이 그 사람에게 명하여 이르시되 동산 각종 나무의 열매는 네가 임의로 먹되 선악을 알게 하는 나무의 열매는 먹지 말라 네가 먹는 날에는 반드시 죽으리라 하시니라”

하나님은 인간을 지으시고 에덴동산에서 살게 하셨습니다. 에덴동산은 흔히 천국에 비유되고 있습니다. 에덴동산은 어떤 곳일까요?

1. 에덴의 의미

에덴은 히브리어의 '간 에덴' 으로 '울타리가 있는 정원' 이란 뜻입니다. 또는 '기쁨의 정원' 이란 뜻이기도 합니다. 하나님이 지으신 에덴동산은 하나님이 구별하여 만드신 낙원이었습니다. 하나님이 보호해 주시는 곳이었습니다. 하나님과 함께 교제를 나누는 동산이었습니다. 하나님과 사랑을 할 때 기쁨을 누리며 사는 곳이었습니다. 신령한 기쁨이 있는 곳, 그곳이 에덴입니다.

따라서 우리가 이 땅에 살면서 에덴의 기쁨을 누리며 살기 위해서는 울타리가 있어야 합니다. 보호막이 있어야 합니다. 그럴 때 에덴의 기쁨을 가지고 살아갈 수 있습니다. 안 되는 것은 안 된다고 울타리를 치고 그 안에 있어야 합니다.

2. 에덴의 삶은 어떠했습니까?

그것은 이 땅을 살면서 우리가 어떻게 해야 천국의 삶을 살아갈 수 있는지 그 원리를 가르쳐 줍니다.

안식일을 지켰습니다(2 : 1-3)

하나님이 6일 동안 창조사역을 마치셨습니다. 그리고 7일째는 쉬셨습니다. 이날은 하나님의 창조 사역을 기념하기 위해서 그렇게 세우셨습니다. 하나님은 이날을 구별하시고 복 주셨다고 했습니다. 따라서 우리가 안식일을 지키는 것은 하나님이 창조주이심을 인정하고 높이는 것입니다. 하나님이 모든 만물의 주인이심을 고백하는 것입니다. 따라서 우리는 세상 모든 일을 멈추고 하나님을 묵상하는 날입니다. 그분이 하신 일을 높이는 날입니다. 그분이 베푸신 은혜에 감사하는 날입니다. 이것이 예배입니다.

우리는 지금 주일을 지키고 있습니다. 주일은 무엇입니까? 예수님이 부활하신 날입니다. 부활은 새로운 창조의 날입니다. 그러기에 이날을 기념하여 예배합니다. 이 예배의 원리도 마찬가지입니다. 하나님은 인간에게 영혼을 주셨습니다. 하나님을 만나 하나님을 예배함으로써 쉼을 주셨습니다. 예수님은 "수고하고 무거운 짐진 자들아 다 내게로 오라 내가 너희를 쉬게 하리라" 하셨습니다. 죄를 범한 인간이 죄의 문제가 해결되지 않는 한 진정한 쉼이 없습니다. 예수님은 자신을 통해서 진정한 쉼이 있음을 말씀하셨습니다. 그렇습니다. 죄의 문제가 해결되지 않는 한 진정한 안식이 없습니다. 예수님 안에서 죄 사함을 얻고 기쁨을 회복한 사람들만이 쉼이 있습니다. 이날은 하나님이 우리에게 쉬자고 약속하신 날입니다. 복 주시겠다고 약속하신 날입니다. 엿새 동안 열심히 일하고 한 주 동안 베푸신 은혜를 생각하고 이루어 놓은 일들을 돌아보며 쉼을 얻기를 바랍니다.

그것은 내일을 위한 재창조의 시간입니다. 또한 우리에게 영원한 안식이 있음을 알고 그 나라를 바라보며 이 땅에서 주어진 일에 최선을 다할 수 있기를 바랍니다. 그런 사람만이 쉴 수 있는 자격이 있기 때문입니다. 일주일 가운데 이 하루는 하나님을 만나 하나님을 예배할 때 영혼의 만족이 옵니다. 하나님은 광야생활하는 이스라엘에게 안식일에는 쉬고 예배하라고 했습니다. 그래서 전날 만나를 배로 주었습니다. 그런데 욕심이 많은 이스라엘 백성들이 광야에 가 보았지만 만나가 없었습니다. 주일을 성수하여 하나님이 주시는 복을 받으시기 바랍니다.

시편 127편에 보면 하나님이 사랑하시는 자에게 잠을 주신다고 했습니다. 밤에는 잠을 자야 합니다. 엿새 동안은 최선을 다합시다. 그리고 주일은 하나님께 나아와 은혜와 복을 받읍시다. 내가 노력하는 것 외에 보너스를 주시는 하나님을 만날 수 있기를 바랍니다.

생명나무와 선악을 알게 하는 나무가 있었습니다

생명나무 열매는 따 먹을 수 있었습니다. 그러나 하나님은 선악을 알게 하는 나무의 실과는 따 먹지 못하게 했습니다. 하나님은 인간이 자유의지를 가지고 선택할 수 있는 존재로 만드셨습니다. 로보트로 우리를 만드신 것이 아닙니다. 그러나 그 결과에 대하여 책임을 지는 존재로 만드셨습니다. 생명나무의 열매를 따 먹으면 활력을 얻고 생기를 얻습니다. 그러나 선악을 알게 하는 나무의 실과를 먹으면 정녕 죽으리라 하셨습니다.

인간이 선택의 자유를 갖게 해 주셨습니다. 불행하게도 인간은 선악과를 먹었습니다. 그래서 불행이 오게 된 것입니다. 그것이 죄였습니다. 그것 때문에 에덴동산에서 쫓겨나게 되었습니다. 그 후 인간은 일생 동안 고생하게 되었습니다. 고난과 질병, 고통, 그리고 죽음이 오게 된 것입니다.

그렇다면 이 선악과는 무엇을 의미합니까? 하나님의 권위를 상징하는 것입니다. 이 나무가 동산 중앙에 있기에 이 나무를 볼 때마다 "하나님은 우리를 지으신 창조주시며 우리는 그의 피조물이다."라는 고백을 하게 하십니다. 선악과는 하나님의 임재를 나타내는 것입니다. 하나님은 영이시니 보이지 않습니다. 이 나무를 볼 때마다 하나님이 우리와 함께하심을 느끼게 해 주었습니다. 선악과는 인간이란 존재가 한계성 있는 자유를 지닌 존재임을 알게 해 주셨습니다.

우리는 흔히 "하나님은 왜 이 선악과나무를 두셨는가?"라고 하나님을 향하여 항변할 때가 있습니다. 그러나 그것은 창세기 39장의 요셉의 사건을 통하여 이해될 수 있습니다. 요셉이 보디발의 집에 종으로 팔려 가서 일했습니다. 성실히 일하는 요셉에게 보디발은 아내 외에는 모두 임의로 하라고 했습니다. 요셉에게는 보디발의 아내 외에는 다 자신의 뜻대로 할 수 있었습니다. 보디발과 요셉을 구분하는 것은 단 한 가지뿐이었습니다. 그것은 보디발의 아내입니다. 보디발이 요셉에게 아내 외에는 다 임의로 하라고 한 것은 엄청난 자유입니다. 은혜입니다. 그런데 요셉에게 아내만은 금했습니다. 그것은 요셉이 불평하고 원망해야 할 사항입니까, 아니면 감사하고 또 감사할 일입니까?

지금도 우리 주변에는 생명나무와 선악과가 있습니다. 얼마든지 생명나무 열매를 먹으면 생명력을 얻는데 선악과 열매를 먹고 고통을 겪게 됩니다. 요셉에게도 보디발의 아내는 선악과라고 할 수 있습니다. 보디발의 아내의 유혹에 넘어갔다면 선악과를 먹은 불행이 왔을 것입니다.

가정생활에도 교회생활에도 직장생활에도 하면 좋은 것이 있고, 하면 불행한 것이 있습니다. 하나님이 금하라고 하신 것은 그것을 금할 때 사랑이 있고, 거룩함이 있고, 영생이 있습니다. 지금도 말씀을 읽고 기도하고 전도하며, 선행하고 봉사하는 것은 생명나무 열매를 먹는 것입니다. 그런데 뇌물 받고 부정한 일을 하는 것은 선악과를 먹는 것입니다. 인간은 금하면 꼭 해 보고 싶어 합니다.

어떤 가정에 손님이 왔습니다. 진수성찬을 차려 놓고 먹기 직전입니다. 그 때 문 밖에서 누군가 또다른 손님이 온 것 같았습니다. 주인은 상 앞에 앉은 손님에게 말했습니다. "자네 먼저 먹게나, 다른 것은 다 먹더라도 상 중앙에 있는 이 음식은 내가 올 때까지 뚜껑도 열지 말고 기다려야 하네!" 손님은 알겠다고 했습니다. 주인이 나간 사이 맛있는 음식을 먹으면서도 궁금했습니다. 도대체 얼마나 맛있는 음식이 들어 있기에 뚜껑도 열어 보지 말라고 했을까? 주인 오기 전에 살짝 열어 봐야지 하고 뚜껑을 열었습니다. 그랬더니 그 안에 있던 전갈이 나와 그 사람을 물어 죽였답니다.

아담과 하와가 선악과 열매를 먹은 후에 선악을 알게 되었습니다. 그래서 선과 악을 구별하는 사람이 되었습니다. "나는 선하고 너는 악하다. 나는 잘했고 너는 못했다." 이렇게 사람을 구분하게 되어 시시비비와 전쟁이 이 땅에 생기게 된 것입니다. 선악과를 먹은 인간은 정죄하는 일을 잘합니다. 정의를 부르짖습니다. 그러나 진정한 정의가 없습니다. 율법은 죄를 정죄할 뿐입니다. 구원할 힘이 없습니다.

생명나무 과실을 먹어야 삽니다. 그래야 나도 살고 너도 삽니다. 말씀을 먹어야 삽니다. 기도 속에서 생수를 마셔야 합니다. 은혜를 베풀고 사랑하며 살아야 합니다. 선악과를 먹는 날에는 죽습니다. 여러분 주위에도 선악과는 있습니다. 하나님이 그 선택권을 주셨고, 그 결과는 우리가 책임을 져야 합니다.

동산을 적시는 네 강들과 진귀한 보석들이 있었습니다

동산을 적시는 강이 있었다는 것은 물이 풍부하여 땅이 비옥하고 윤택하다는 의미입니다. 진귀한 보석들이 풍부히 있습니다. 화려하고 귀한 곳이라는 뜻입니다. 보석과 진주, 정금은 깔려 있습니다. 세상에서 가장 귀한 것들이 널브러져 있습니다.

여기에 네 강이 흐르고 있습니다. 비손은 '퍼지다', '흩어지다', 하월라는 '춤을 추다' 라는 뜻입니다. 이는 강물이 휘돌아쳐 흐르고 있음을 의미합니다. 기혼은 '넘쳐 흐르다', 힛데겔은 '화살' 이란 뜻이 있습니다.

물은 생명입니다. 생명의 풍성함이 땅을 적시는 곳, 그곳이 에덴입니다. 물이 있는 곳은 살아납니다. 하나님의 은혜의 강물이 세상을 적실 때 세상은 에덴동산이 됩니다. 그것은 복음입니다. 그것은 사랑입니다. 그것은 그리스도인들의 선한 행실입니다.

에덴동산이란 받은 은혜가 동서남북으로 흩어져 넘쳐흐를 때 가능한 것입니다. 내가 받은 축복의 은혜를 가두어 두지 말고 흘려 보낼 수 있기를 바랍니다. 내가 받은 은혜가 감사하여 혼자 간직할 수 없어 비손처럼 곳곳으로 흩어 보낸 적이 있습니까? 하월라처럼 춤을 추듯 그렇게 기쁨으로 다가가 도움을 베푼 적이 있습니까? 기혼처럼 넘쳐흐르도록 그렇게 은혜를 나누어 보았습니까? 화살처럼 감동 주실 때 지체하지 않고 달려가 도움을 줘 본 적이 있습니까?

에덴생활의 기초는 가정입니다

하나님이 세상 만물을 창조하셨습니다. 그리고 창조하신 후 보시기에 심히 좋았다고 했습니다. 그런데 아담이 혼자인 것을 보시고 좋지 않으셨다고 했습니다. 다른 모든 짐승들도 짝이 있는데 아담은 짝이 없었습니다. 아담의 갈비뼈로 하와를 만드셨습니다. 우리가 에덴의 삶을 살려면 가정생활이 창조원리에 맞아야 합니다.

돕는 배필입니다

하나님은 아담의 갈비뼈를 뽑았습니다. 아담은 갈비뼈 하나가 없는 존재입니다. 부족한 존재입니다. 미완성의 존재입니다. 마르틴 루터는 "남자는 옆구리에 갈비뼈가 없어지는 아픔과 공허를 통하여 여자를 얻게 되었고 여자를 얻으므로 그 공허와 아픔은 기쁨으로 변한다."라고 했습니다. 아담은 옆구리 갈비뼈가 채워지기까지 아파하고 고독해 합니다.

하와는 갈비뼈로 만들어진 존재입니다. 갈비뼈가 몸에 맞추어 들어가야 합니다. 둘이 하나가 되어야 완전합니다. 갈비뼈는 약하지만 몸의 중요한 내장기관들을 지켜 주고 있습니다. 아내는 남편에게 있어 보호의 역할을 해 줍니다. 힘들고 어려운 세상을 살 때 위로를 주고 용기를 줍니다. 남편의 팬이 되어 남편에게 힘이 되어 줍니다.

언젠가 장경동 목사님 사모님이 우리 교회에서 간증을 하신 적이 있습니다. 그렇게 설교를 잘하시는 장 목사님도 때로는 설교를 한 후 자신이 없어 하는 때가 있다고 합니다. 그럴 때 교회에서 돌아오는 길에 아내를 보고 말합니다. "여보, 나 오늘 죽 쒔지?" 그러면 아내는 "여보 죽은 더 맛있어요!"라고 하면서 용기를 준다고 합니다. 그리고 목사님이 강단에서 설교를 할 때 은혜가 되면 손가락을 다른 손가락으로 가리고 최고라는 표시로 신호를 보내 준다고 합니다.

우리는 서로서로 부족함을 알고 그 부족을 채워 줄 때 행복이 있습니다. 서로의 필요를 채워 줄 때 행복이 있습니다. 흔히 결혼하면서 상대방에게 기대하는 것이 많이 있습니다. 그 기대에 맞지 않을 때 행복을 누리지 못합니다. 상대방을 비난합니다. 우리가 바라는 존재가 아니라 채우는 존재로 살아갈 때 에덴이 될 수 있습니다.

사랑의 고백입니다

아담은 하와를 보면서 이는 내 뼈 중의 뼈요 살 중의 살이라 했습니다. 입술의 고백이 필요합니다. 게리채프만은 5가지 사랑의 언어를 소개하고 있습니다.

제1의 사랑의 언어 – 인정하는 말 : 잘했어요. 멋져요. 역시 당신이 최고예요.
인간에게는 인정받고 싶은 욕구가 있습니다. 서로가 서

로에게 칭찬과 격려를 아끼지 않는 삶입니다.

제2의 사랑의 언어 – 함께하는 시간입니다. 아무리 바쁘고 분주해도 서로 시간을 내어 함께 눈빛을 마주할 때 사랑을 느낍니다. 기쁨도 슬픔도 함께 나누며 대화를 나눌 때 행복을 느낍니다.

제3의 사랑의 언어 – 선물입니다. 선물은 서로를 향한 관심이며 배려이며 사랑과 감사의 고백입니다. 또한 서로가 서로에게 매일매일 선물이 된다면 더 없이 행복합니다.

제4의 사랑의 언어 – 봉사입니다. 서로가 서로를 섬길 때 천국이 이루어집니다.

제5의 사랑의 언어 – 육체적인 접촉입니다. 서로가 포옹하거나 스킨십을 할 때 사랑을 느낍니다.

캐서린 노리스는 자신의 책 「놀라운 은혜」(*Amazing Grace*)에서 천국에 대해 이렇게 정의를 내렸습니다. 베네딕트수녀회의 수녀 한 사람이 병원 침상에 누워서 죽어 가는 자기의 어머니에게 천국에 대한 확신을 심어 주려고 했습니다. "엄마, 천국에는 우리가 사랑하는 사람 모두가 있대요"(In heaven, everyone we love is there). 그때 가쁜 숨을 몰아쉬며 어머니가 간신히 대답을 했습니다. "아니야, 천국에서는 내가 거기 있는 모든 이들을 사랑할 거야"(In heaven, I will love everyone who's there).

이 차이를 아십니까? 천국은 내가 사랑하는 사람들이 그냥 모여 있는 곳이 아닙니다. 그곳에 있는 사람들을 내가 모두 사랑하는 곳이 천국입니다.

부끄러움이 없는 삶입니다

아담과 하와가 죄를 짓기 전까지는 서로가 벌거벗었으나 부끄러울 것이 없었습니다. 그러나 선악과를 따 먹은 후에는 부끄러웠습니다. 모든 것을 다 드러내어도 서로에게 가릴 것이 없는 정결한 삶이 있을 때 에덴이 될 수 있습니다. 부부 간에 살면서 뭔가 가릴 것이 많이 생깁니다. 좋지 않는 비밀들이 쌓입니다. 정직하지 않습니다. 영육 간의 죄를 회개하고 하나님과 서로 간에 부끄러움이 없는 삶이 되어야 합니다.

우리는 이상적인 세계를 동경합니다. 그것은 천국입니다. 원초적인 천국은 에덴입니다. 에덴은 왜 행복한 곳입니까? 하나님을 예배하며 만나는 곳입니다. 내가 받은 은혜를 흘려보내는 곳입니다. 부부 간에 서로 도우며 사랑하며 사는 곳입니다.

어느 날 한 부인이 가정생활을 비관하며 간절히 빌었습니다. "하나님! 빨리 천국에 가고 싶어요. 정말 힘들어요." 그때 갑자기 하나님이 나타나 말했습니다.

"살기 힘들지? 네 마음을 이해한다. 이제 소원을 들어줄 텐데; 그 전에 몇 가지 내 말대로 해 보겠니?" 그 부인이 "예!" 하자 하나님이 말했습니다. "얘야! 집안이 지저분한 것 같은데 네가 죽은 후 마지막 정리를 잘하고 갔다는 말을 듣도록 집안 청소 좀 할래?" 그 후 며칠 동안 그녀는 열심히 집안 청소를 했습니다.

3일 후, 하나님이 다시 오셔서 말씀했습니다. "얘야! 애들이 맘에 걸리지? 네가 죽은 후 애들이 엄마가 우리를 정말 사랑했다고 느끼게 3일 동안 최대한 사랑을 주어 볼래?" 그 후 3일 동안 그녀는 애들을 사랑으로 품어 주고 정성스럽게 요리를 만들어 주었습니다. 다시 3일 후 하나님이 말했습니다.

"이제 갈 때가 됐다. 마지막 부탁 하나 하자! 그동안 남편 때문에 상처 많이 받고 미웠지? 그래도 장례식 때 '참 좋은 아내였는데.' 라는 말이 나오게 3일 동안 남편에게 최대한 친절하게 대해 줘 봐라." 마음에 내키지 않았지만 천국에 빨리 가고 싶어 그녀는 3일 동안 최대한 남편에게 친절을 베풀어 주었습니다. 다시 3일 후 하나님이 말했습니다.

"이제 천국으로 가자! 그런데 그 전에 네 집을 한 번 돌아보려무나!" 그래서 집을 돌아보니까 깨끗한 집에서 오랜만에 애들 얼굴에 웃음꽃이 피었고, 남편 얼굴에 흐뭇한 미소가 있었습니다. 그 모습을 보니까 천국으로 떠나고 싶지 않았고, 결혼 후 처음으로 "내 집이 천국이구나!" 하는 생각이 들었습니다. 부인이 말했습니다.

"하나님! 갑자기 이 행복이 어디서 왔죠?"

하나님이 말했습니다. "지난 9일 동안 네가 만든 거야!" 그때 부인이 말했습니다. "정말이요? 그러면 이제부터 여기서 천국을 만들어 가며 살아 볼래요!" '9일 동안 천국 만들기'의 기적은 어디에서나, 누구에게나 가능합니다.

희생의 길은 행복으로 가는 밝은 길입니다. 희생의 짐을 지면 인생의 짐이 가벼워집니다. 내가 너를 위해 모든 것을 걸 때, 네가 나를 위해 모든 것을 겁니다. 희생은 부담스럽지만 그 부담을 각오할 때 행복의 신비가 찾아옵니다.

적용과 나눔

1. 에덴동산은 어떤 곳이었습니까?

2. 에덴동산의 삶의 원리는 무엇입니까?

3. 내가 에덴의 삶을 살기 위해 적용해야 할 것은 무엇입니까?

W.o.r.k.s.h.o.p.

1. 일상에서 가장 많이 받는 선악과의 유혹은 무엇이며, 대체로 어떤 상황에서 일어나고 어떤 방법으로 이겨 내는가?

2. 내가 노력한 것 이상의 보너스를 받았던 경험을 구체적으로 이야기하고, 그 당시의 기분을 온몸으로 표현해 보라.

3. 곡물과 지점토를 이용해 에덴동산을 꾸며 보자.
   개인 혹은 두 사람씩 짝을 지어 지점토를 바탕으로 여러 가지 곡물을 이용해 에덴동산을 상상하며 꾸며 본다.

4. 완성한 작품을 전시하여 평가하고 소감을 나누어 보자.

[3장]

실낙원

창세기 3 : 14~24

"……아담에게 이르시되 네가 네 아내의 말을 듣고 내가 네게 먹지 말라 한 나무의 열매를 먹었은즉 땅은 너로 말미암아 저주를 받고 너는 네 평생에 수고하여야 그 소산을 먹으리라 땅이 네게 가시덤불과 엉겅퀴를 낼 것이라 네가 먹을 것은 밭의 채소인즉 네가 흙으로 돌아갈 때까지 얼굴에 땀을 흘려야 먹을 것을 먹으리니 네가 그것에서 취함을 입었음이라 너는 흙이니 흙으로 돌아갈 것이니라 하시니라 아담이 그의 아내의 이름을 하와라 불렀으니 그는 모든 산 자의 어머니가 됨이더라 여호와 하나님이 아담과 그의 아내를 위하여 가죽옷을 지어 입히시니라 여호와 하나님이 이르시되 보라 이 사람이 선악을 아는 일에 우리 중 하나 같이 되었으니 그가 그의 손을 들어 생명나무 열매도 따 먹고 영생할까 하노라 하시고……"

1. 인간의 끝없는 욕망

남편감을 파는 백화점이 문을 열었습니다. 이 백화점에 가면 마음대로 남편감을 골라 살 수 있었습니다. 규정이 하나 있는데, 이미 거쳐 왔던 층으로 되돌아갈 수 없다는 것입니다. 두 처녀가 꿈에 그리던 남편을 사려고 그 백화점을 찾았습니다. 1층에는 직업이 있고 아이들을 좋아하는 남자들이 진열되어 있었습니다. "괜찮군. 1층이 이 정도면 한층 더 올라가 볼 필요가 있겠어." 2층에는 돈을 잘 벌고 아이들도 좋아하며 아주 잘생긴 남자들이 진열되어 있었습니다. "흠, 아주 좋아. 더 올라가자." 3층에는 돈 잘 벌고 아이를 좋아하고 아주 잘 생겼고 집안일도 잘 도와주는 남자들이 있었습니다. "우와, 여기서 멈출 수 없어."

4층에는 돈 잘 벌고 아이를 좋아하고 잘생겼고 집안일 도와주고 아주 로맨틱한 남자들이 진열되어 있었습니다. "맙소사! 4층이 이 정도면 5층은 상상을 초월하겠지." 숨을 헐떡이며 5층을 올라갔습니다. 5층의 안내문은 이렇게 적혀 있었습니다. "5층은 비어 있음. 만족을 모르는 당신, 출구는 왼편에 있으니 계단을 따라 쏜살같이 내려가기 바람."

인간 욕망의 끝은 어디일까요? 왜 우리 인생은 이렇게 태어나면서부터 늙고, 병들고, 죽어야 하는 것인가요? 이는 성경을 통하여서만 해답을 얻을 수 있습니다. 인간의 욕심이 생로병사의 불행을 가져오게 했습니다.

본래 인간은 어떤 존재였습니까? 에덴동산에서 기쁨 가운데 살았습니다. 행복하게 살았습니다. 그런데 그 에덴동산에서 쫓겨났습니다. 에덴동산을 잃어버렸습니다. 그것을 실낙원이라 합니다. 인간은 왜 에덴동산에서 쫓겨나게 되었습니까? 하나님은 아담과 하와에게 에덴을 주시고 그곳에서 생육하고 번성하며 살게 했습니다. 모든 것은 임의로 하되 선악을 알게 하는 나무의 실과는 먹지 말라고 했습니다. 먹는 날에는 정녕 죽으리라 했습니다. 그런데 뱀은 그것을 따 먹으면 하나님처럼 된다고 했습니다. 인간의 근본적인 죄는 피조물인 인간이 하나님처럼 되려는 데 있었습니다. 그것을 교만이라 합니다. 그것을 따 먹은 것을 죄라고 합니다. 하나님의 명령을 거역한 것입니다. 그 또한 탐욕이 빚어 낸 결과입니다.

오래전 미국 펜실베이니아에 사는 성도가 친구목사에게 이런 편지를 써 보냈습니다. "나의 아버지가 기르는 늙은 젖소 한 마리는 좋은 우유를 제공해 주지만 바보임에 틀림없다네. 그 소는 풀을 뜯어먹을 수 있는 넓은 목장이 있는데도 항상 울타리 주변에서 서성인다네. 아마 울타리 주변의 풀만큼 맛있는 풀은 없는 모양일세. 나는 그 소가 울타리 사이로 목을 뻗어 내미는 것을 자주 보는데 그 바로 뒤에는 그가 필요한 모든 것들, 즉 훌륭한 목초와 그늘을 드리운 아름다운 나무와 시원하고 상쾌한 개울물, 심지어 커다란 소금덩어리까지 있다네. 그 소는 넓은 목장 외에 무엇을 더 원하는 것일까?"

어쩌면 우리는 이 늙은 젖소와 같은지 모릅니다. "울타리 밖의 풀이 항상 더 푸르다."고 생각합니다. 끊임없이 우리에게 속하지 않은 것만을 탐내며 얻으려고 애를 씁니다. 이 얼마나 비참한 일입니까. 불만 속에는 이렇게 큰 어리석음이 있습니다.

며칠 전 신문을 보니 서울의 한 교장 선생님 기사가 났습니다. 자기 학교의 여중생을 성희롱했다는 것입니다. 정년퇴임 한 달을 앞두고 직위가 해제되었습니다. 금한 것, 울타리 밖의 것을 가지려다 마음의 행복을 잃어버렸습니다. 에덴이란 '울타리가 있는 동산'이란 뜻이기도 합니다. 우리는 하나님이 만들어 두신 룰 안에 있을 때 행복이 있고 기쁨이 있는 존재입니다.

이렇게 선악과를 따 먹은 인간은 어떻게 되었습니까? 하나님이 찾아오셔서 책임을 물었습니다. 누가 이 선악을 알게 하는 나무 실과를 따 먹게 했느냐? 하나님이 주신 이 여자가 주어서 먹었습니다. 뱀이 주어서 먹었습니다. 뱀은 즉시 저주를 받아 땅을 기어 다니고 흙을 먹으며 살아야 했습니다. 여인의 후손과 원수가 되리라 했습니다.

여인들에게는 해산의 고통이 따릅니다. 남편을 늘 사모하며 다스림을 받게 했습니다. 남자는 이마에 땀을 흘려야 먹을 것을 먹게 했습니다. 땅도 저주를 받아 가시와 엉겅퀴를 내게 했습니다. 그리고 그렇게 살다가 흙으로 돌아가야 했습니다. 이 세상에 태어나면서 늙고 병들고 죽어야 하는 것, 그것은 선악을 알게 하는 나무 실과를 따 먹지 말라고 했는데 따 먹었기 때문입니다. 하나님처럼 되어 보려고 했기 때문입니다. 그 후 아담과 하와는 에덴동산에서 쫓겨났습니다. 쫓아낸다는 것은 히브리어에서 이혼과 같은 뜻입니다. 인연을 끊는다는 것입니다. 생명의 근원이신 하나님과 관계가 끝이 났다는 것은 생명이 없다는 것을 의미합니다. 이것을 영적인 죽음이라 합니다. 그러기에 에베소서 2장에 "죄와 허물로 인하여 죽었던 너희를 살리셨다"고 했습니다.

인간은 잠시 살다가 죽어야 합니다. 정녕 죽으리라 했던 인간이 즉시 죽지 않았던 것은 하나님을 만날 수 있는 기회를 다시 주시기 위함이었습니다. 지금도 곁에 있던 사람들이 죽는 것을 보면서 영원을 그리워하게 했습니다(전 3 : 11). 영원한 나라를 바라보고 영원한 하나님을 찾게 하셨습니다.

아울러 에덴동산에서 쫓겨난 인간이 에덴동산에 있는 생명나무 실과를 따 먹지 않도록 천사들을 통하여 지켰습니다. 고통과 괴로움으로 천년만년 영원히 사는 것은 저주이기 때문입니다. 그러므로 죽음은 새로운 삶을 살 수 있는 축복의 기회인 것입니다.

인간은 하나님의 형상으로 지음을 받았습니다. 하나님의 대행자가 되어 에덴동산을 가꾸어야 했던 존재였습니다. 그런데 뱀의 유혹으로 죄를 지은 인간은 사탄의 노예가 되었습니다. 하나님의 형상을 잃어버렸습니다. 다스리는 능력도 상실했습니다. 하나님 없이 사탄의 조종을 받는 곳이 지옥입니다.

며칠 전 가슴 아픈 사건이 일어났습니다. 베트남에서 시집온 지 8일밖에 되지 않는 20세의 신부가 47세의 정신질환을 앓는 남편에게 목숨을 잃었습니다. 사건 후 경찰은 그 남편에게 왜 그렇게 했느냐고 물었습니다. 그 남자는 누군가 그렇게 하라고 했다는 것입니다. 사탄은 그렇게 인간을 멸망시키려 합니다. 북한의 정권자들을 충동하여 전쟁으로 위협합니다. 사람의 목숨을 우습게 여깁니다. 얼마 전 경제개혁에 실패했다고 사형을 시키고 또 철도 관계자도 그렇게 했습니다.

죄를 지은 인간은 하나님 대신 우상을 섬깁니다(롬 1 : 23 - 32). 마귀의 종이 되어 거짓말을 하고 사람을 멸망케 하고 죽이는 일을 합니다(요 8 : 44). 마귀는 어떤 존재입니까? 에베소서 2장 2절을 보면 공중의 권세 잡은 자라 했습니다. 뱀의 모양을 가졌던 것은 바로 사탄이요 마귀입니다. 이들은 일시적으로 공중에 있으면서 권세를 잡았습니다. 사람들의 마음을 조종하고 지배하면서 인간을 멸망시키는 온갖 불행한 일들을 하고 있습니다. 누가복음 4장 6절에 마귀가 천하만국을 보여 주면서 내게 절하면 천하만국의 모든 권세와 영광을 주겠다 하고 있습니다. 사탄은 이렇듯 인간의 끝없는 욕망을 자극합니다.

2. 하나님은 아담과 하와에게 어떤 은혜를 베푸셨습니까?

하나님은 아담과 하와에게 찾아오셨습니다. 즉시 죽지 않게 시간을 주셨습니다. 여인의 후손을 통하여 뱀을 제거하고 인간을 구원하실 것을 말씀하셨습니다. 그리고 가죽옷을 지어 입히셨습니다. 나뭇잎으로 가리고 있던 아담과 하와는 염치가 없지만 하나님의 사랑을 믿고 받아 입었습니다. 저들의 수치와 부끄러움이 덮어졌습니다. 하나님은 우리의 아버지이십니다. 자식이 잘못하여 매를 댔을 때 함께 아파하십니다. 더 많은 위로를 하십니다.

하나님은 범죄한 인간이지만 에덴을 회복할 수 있는 길을 열어 놓으셨습니다. 벌거벗은 몸으로 어찌할 줄 모르는 인간들을 위해 죄 없는 짐승을 죽여 옷을 만들어 입히셨습니다. 그리하여 훗날 예수님이 한 마리 양으로 오셔서 피 흘려 죽으심으로 죄 용서를 받고 영원한 천국에 들어갈 수 있게 하신 것입니다. 창세기 3장 21절은 요한복음 3장 16절에서 이루어진 것입니다.

죄를 범한 영혼에게 필요한 것은 옷입니다. 죄를 덮어 주는 옷, 피 묻은 옷입니다. 예수님을 나의 구주로 영접하는 자에게 새로운 옷이 주어집니다. 갈라디아서 3장 27절에 "누구든지 그리스도와 합하여 세례를 받은 자는 그리스도로 옷 입었느니라." 그리스도로 옷을 입은 자들만이 새로운 에덴동산, 천국에 들어가게 됩니다. 먹고 입고 사는 것 때문에 걱정할 일이 없고, 질병이 없고 고통이 없습니다. 죽음도 없습니다. 영원한 하늘나라 궁궐에서 영원히 왕과 같이 살게 됩니다(계 22 : 5).

옛날 두 형제가 있었습니다. 형은 경건하고 선한 반면 동생은 못된 짓만 했습니다. 형이 동생에게 나쁜 생활을 버리고 바른길을 찾으라 했지만 허사였습니다. 동생은 점점 더 나쁜 길로 빠져들더니 마침내 어느 날 밤 피 묻은 옷을 입고 형의 방으로 뛰어 들어와 이렇게 말했습니다.

"나 좀 살려 줘! 경찰이 쫓아오고 있어. 나는 죄를 저질렀어!" 형은 사태를 직감하고 동생에게 말했습니다. "우리 옷을 바꿔 입자!" 그들이 옷을 갈아입은 순간 경찰이 달려 들어와 피 묻은 옷을 입은 형을 의심 없이 체포했습니다. 법정에 선 형은 "이 모든 일은 제가 잘못한 일입니다."라고 자신의 일로 돌렸습니다. 옷에 피가 묻었으니 아무도 의심할 여지가 없었습니다. 그는 드디어 사형선고를 받았습니다. 집행관은 마지막 죽기 전에 소원이 있으냐고 물었습니다. "꼭 한 가지가 있습니다. 이 편지를 동생에게 전해 주십시오." 다음날 동생이 편지를 받았습니다.

> "사랑하는 아우야! 나는 네 죄를 위해 네 피 묻은 옷을 입고 죽는다. 너를 위해 죽는다는 것이 기쁘다. 이제 너는 내가 너에게 준 흰옷을 입고 순결하고 거룩한 삶을 살리라 믿는다."

동생은 후회막급이었습니다. 사형중지를 시키려고 달려갔으나 이미 너무 늦었습니다. 세월이 흘러 그의 친구들이 전과 같이 못된 짓을 하자고 불러내면 그는 이렇게 말했습니다. "내 대신 죽은 형님의 깨끗한 옷을 물려받은 나는 전과 같이 악한 일을 할 수 없다." 천국에는 흰 세마포 입은 자들이 사는 곳입니다(계 19 : 8).

"날 위하여 십자가의 중한 고통 받으사 대신 죽은 주 예수의 사랑하신 은혜여 보배로운 피를 흘려 영영 죽을 죄에서 구속함을 받은 우리 어찌 찬양 안 할까"(303장 찬송)

적용과 나눔

1. 인간이 에덴동산에서 추방된 원인은 무엇입니까?

2. 죄를 지은 결과는 어떠합니까?

3. 심판 중에도 하나님의 사랑은 어떻게 나타났습니까?

실낙원

W.o.r.k.s.h.o.p.

1. 가장 행복했던 과거로 돌아가 보기 레드 썬!
   리더가 "가장 행복했던 과거의 시간으로 레드 썬!"을 외치면 정해진 시간 동안 침묵 속에서 과거로 돌아갔다가 리더가 다시 "현재로 레드 썬!"을 외치면 현재로 돌아와 행복했던 시간을 구체적으로 나누어 본다.

2. 생명나무 지키기 게임을 한다.
   둥근 원 안에 '생명나무'라는 이름의 한 사람을 넣어 두고 원 밖에 그 나무를 탈환하려는 또 다른 한 사람을 배치시킨 후 생명나무를 빼앗기지 않도록 둥근 원을 이룬 사람들이 힘을 다해 막는다.

3. 아름다운 세상 찾아내기 스크래치
   캔트지에 여러 가지의 밝은 원색을 가득 칠한 후 검정 크레파스로 밝은 원색을 완전히 덮는다. 뾰족한 이쑤시개나 나무젓가락 등을 이용해 긁는 형식으로 그림을 그리거나 시 혹은 편지를 써 봄으로 아름다운 색을 회복한 새로운 작품을 만들게 된다.

4장

회복

마태복음 16 : 16~19

"시몬 베드로가 대답하여 이르되 주는 그리스도시요 살아 계신 하나님의 아들이시니이다 예수께서 대답하여 이르시되 바요나 시몬아 네가 복이 있도다 이를 네게 알게 한 이는 혈육이 아니요 하늘에 계신 내 아버지시니라 또 내가 네게 이르노니 너는 베드로라 내가 이 반석 위에 내 교회를 세우리니 음부의 권세가 이기지 못하리라 내가 천국 열쇠를 네게 주리니 네가 땅에서 무엇이든지 매면 하늘에서도 매일 것이요 네가 땅에서 무엇이든지 풀면 하늘에서도 풀리리라 하시고"

60여 년 동안이나 같이 살았던 노부부가 85세에 교통사고로 같이 죽고 말았습니다. 죽기 전 그들은 할머니의 권유로 건강식을 하며 10년 동안 건강하게 살았습니다. 그들이 천국의 문에 다다르자 베드로가 맞이하며 멋진 주방과 거품 목욕탕이 있는 커다란 저택으로 안내했습니다. 베드로가 이곳이 당신들이 살 곳이라고 하자 노인은 가격이 얼마냐고 물었고 베드로가 미소를 지으며 대답했습니다. "무료라오. 여기는 천국이오."

다음날 그들은 멋진 골프 코스에 가서 골프를 즐겼습니다. 노부부에게는 매일 골프를 칠 수 있는 특권이 주어졌고, 그 골프장은 세상에서 제일 멋진 골프장의 모습을 본 따 만들었습니다. 노인이 그린피는 얼마냐고 묻자 베드로가 답했습니다. "여긴 천국이라고 했지 않소. 무료로 칠 수 있소." 그 다음날 멋진 뷔페에 간 그들은 세상에서 볼 수 없던 산해진미들이 많이 있었습니다. 노인이 다시 값을 묻자 베드로가 약간 화가 나서 대답했습니다. "아직도 이해를 못하오? 여긴 천국이고 공짜란 말이오!"

약간 움찔했던 노인이 조심스레 물었습니다. "그럼 저지방 저칼로리 음식이 있는 곳은 어디죠?" 베드로가 한심하다는 듯이 쳐다보며 설명했습니다. "당신이 먹고 싶은 것은 아무거나 다 먹을 수가 있어요. 그렇게 먹더라도 당신이 아프거나 살이 찐다거나 하는 일은 없을 거요. 여긴 천국이니까 말이오."

그 말을 듣자 노인은 쓰고 있던 모자를 집어 던지고 소리를 버럭 지르며 발로 밟아댔습니다. 베드로와 할머니가 그를 진정시키고 자리에 앉혔습니다. 분에 못 이겨 씩씩대던 노인이 드디어 입을 열었습니다. "이 할망구야! 이게 다 당신 탓이란 말이야! 당신이 그 맛없는 미숫가루나 먹을 생각을 안 했더라면, 벌써 10년 전에 이곳에 왔을 거라구!"

하나님 나라에 가 보면 "진작에 올 것을……." 이라고 생각하게 될 테지요. 하나님은 에덴동산을 잃어버린 아담과 하와에게 회복시켜 주실 것을 약속하셨습니다. 창세기 3장 15절에 여인의 후손을 통하여 가죽 옷을 입히심으로 먼 훗날 예수님을 통하여 구원하실 것을 미리 보여 주신 것입니다.

오늘 주신 말씀에는 예수님이 누구신지를 말씀해 주십니다. 그리고 그 예수님은 이 땅 위에 교회를 세우십니다. 교회는 무엇이며 무엇을 해야 하는지 말씀하고 있습니다.

1. 예수님은 누구입니까?

예수님은 3년 동안 제자들에게 말씀을 가르치셨습니다. 오늘은 가이사랴 빌립보 지역을 다니시다가 제자들에게 시험을 치르셨습니다.

"사람들이 인자를 누구라 하느냐?" 제자들이 대답했습니다. "세례 요한, 엘리야, 예레미야나 선지자 중 하나입니다." 그렇습니다. 그 당시 사람들은 예수님을 단순히 훌륭한 하나님의 종 정도로 여겼습니다. 지금 세상 사람들이 보는 예수님은 누구입니까? 인류 삼대 성인 중의 한 분으로 여깁니다. 도덕적이고 윤리적인 가르침을 준 인류의 스승, 또는 선하게 살다가 죽은 한 분 정도로 여깁니다. 어떤 분들은 올해가 몇 년도라고 말하면서도 예수님이 역사적인 인물이라는 것도 잘 모르고 있습니다. 세상 사람들은 자신들과 별 관계가 없는 분으로 여깁니다. 예수님은 이어 질문하셨습니다.

"너희는 나를 누구라 하느냐?" 베드로가 대답했습니다. 16절에 "주는 그리스도시요 살아 계신 하나님의 아들이십니다." 그리스도란 헬라어로 '기름 부음을 받은 자'란 뜻입니다. 히브리어로는 메시야란 뜻입니다. 그리스도, 메시야란 구원자라는 뜻입니다. 예수님은 인류의 죄와 죽음, 그리고 모든 불행과 고통에서 건져 내어 줄 분이라는 뜻입니다.

아담과 하와가 죄를 범하여 이 세상에 죄가 들어왔습니다. 사탄의 노예가 되었습니다. 사탄의 종이 된 인생들은 이 땅 위에 살다가 죽음 이후 죄 때문에 지옥을 가게 된 것입니다. 이런 모든 문제를 해결하여 잃어버린 에덴동산을 찾아주시기 위해 오셨습니다. 천국에 들어가도록 하기 위해 이 세상에 오셨습니다.

2. 그리스도 (Kingship)

예수님은 그리스도라 했습니다. 메시야라 했습니다. 기름 부음을 받은 자란 뜻이라 했습니다. 구약에서 기름 부음을 받는 사람은 구별되어 있습니다. 왕, 선지자, 제사장만이 기름 부음을 받았습니다. 예수님은 이런 분으로 오셨다는 것입니다.

왕이 되어 세상을 다스렸습니다. 하나님은 아담이 잃어버린 통치권(kingship)을 예수님을 통하여 회복시켜 주셨습니다. 예수님은 왕이십니다.

마태복음 1장 1절에 "아브라함과 다윗의 자손 예수 그리스도의 세계라" 했습니다. 마태가 마태복음을 저술하면서 강조한 것은 예수님은 구약에서 약속된 메시야요 왕이라는 사실입니다. 사무엘하 7장에 다윗의 후손에서 메시야가 날 것을 예언했습니다. 요한계시록 22장 16절에 예수님은 "나는 다윗의 뿌리요 자손"이라고 하셨습니다.

우리가 예수님을 왕으로 모시고 섬길 때 이미 하나님 나라 백성이 됩니다. 오바마 대통령의 통치 아래 있으면 미국 시민입니다. 이명박 대통령의 다스림을 받으면 대한민국 국민이 됩니다. 빌립보서 3장 20절에 우리의 시민권은 하늘에 있다고 했습니다. 또한 이 세상을 사는 동안에도 천국 시민권을 가진 사람들에게 시민권 가진 사람답게 살도록 권세를 주셨습니다. 요한복음 1장 12절에 "믿는 자 곧 그 이름을 믿는 자들에게는 하나님의 자녀가 되는 권세를 주셨으니"라고 했습니다. 권세는 권리와 세력, 능력을 의미합니다. 아들의 권세가 무엇입니까? 아버지가 누리는 것을 아들도 누리는 것을 의미합니다. 아버지가 왕이니 아들도 아버지가 사는 왕궁에서 함께 사는 것입니다. 아버지가 왕이므로 아버지가 누리는 것을 함께 다 누리는 것입니다. 여러분, 자식은 아버지의 옷을 입을 수 있습니다. 아버지의 넥타이도 맬 수 있습니다. 목이 마르면 냉장고에 있는 주스를 마음대로 마실 수 있습니다. 이웃집 사는 친구는 아무리 가깝다 해도 그렇게 할 수 없습니다.

어떤 아버지가 반에서 성적이 매번 꼴찌하는 아들을 두고 있었습니다. 어느 날 아버지는 아들에게 이번 "기말고사 때는 꼴찌에서 벗어나라. 그렇지 않으면 부자 간의 인연을 끊겠다."라고 말했습니다. 기말고사가 끝나고 아들이 집에 들어오자 아버지가 물었습니다. 시험은 어떻게 되었냐고 그러자 아들 왈 "저 … 누구세요?" 아무리 성적이 나쁜 아들이라 해도 부자 지간의 인연은 끊어질 수 없습니다. 나의 믿음 성적이 좋지 않아도 주님과 나와 맺은 언약은 변할 수 없습니다(요 10 : 28－29).

3. 하나님의 아들(Sonship)

예수님은 자신을 가리켜 인자라 했습니다. 인자란 사람의 아들이란 말입니다. 예수님은 참인간으로 오셨습니다. 인간으로 오셔서 희로애락을 함께 나누셨습니다. 왜 인간으로 오셨습니까? 실제로 인간을 구원하기 위해 인간으로 오신 것입니다. 교통사고를 당해 본 사람이라야 같은 사고로 장애를 입고 살아가는 사람의 심정을 이해하게 됩니다. 사업에 실패하여 먹을 것이 없어진 후에야 가난한 사람의 심정을 이해하게 됩니다. 그렇게 인간의 몸으로 오셔서 사셨기에 우리를 체휼하실 수 있는 분이십니다.

예수님은 하나님의 아들입니다. 아들은 아버지의 유전인자(DNA)를 지녔습니다. 아버지의 형상입니다. 예수님의 제자 빌립이 하나님을 보여 달라고 했습니다. 그러나 "나를 본 자는 아버지를 보았다"고 했습니다(요 14 : 9). 하나님은 예수님을 통해 죄인 된 우리를 양자로 삼으셨습니다(롬 8 : 15). 하나님의 씨가 내 속에 들어오셨습니다. 내가 하나님의 자녀가 되었습니다. 그러므로 예수님과 같이 나는 이제 신분이 달라졌기에 하나님의 얼굴을 드러내며 품위 있는 삶을 살아야 합니다.

나다나엘 호돈이 쓴 「큰 바위 얼굴」이라는 책에 어네스트라는 주인공이 나오는데, 어려서부터 어머님이 항상 그에게 들려주시던 말씀이 있었습니다. 마을 건너편 산에 있는 큰 바위의 얼굴과 닮은 어진 사람이 우리 마을에서 반드시 나온다는 것이었습니다. 그는 그런 현자가 나타나면 한번 꼭 만나 뵙기를 갈망하며 살았습니다. 그러나 그 마을 사람들 중에는 그 바위 얼굴과 닮은 사람은 아무도 없었습니다. 수십 년이 지나는 동안에도 그는 실망하지 않고 그런 현자를 사모하면서 만나는 모든 사람들에게 정성을 다하여 사랑하며 도와

주며 살았습니다.

그러던 어느 날 저녁 서산에 해가 저물어 갈 때에 어네스트는 친구들과 언덕에 앉아서 담소하고 있었는데 석양의 금빛 노을이 그의 얼굴에 찬란하게 비추고 있었습니다. 그때 한 친구가 크게 소리치기를 "친구들! 저 어네스트의 얼굴을 좀 보시오. 저 큰 바위 얼굴과 똑같이 빛나고 있지 않나요?" 하니 과연 어네스트의 얼굴이 큰 바위 얼굴과 같이 빛나고 있었습니다.

예수님을 오래 믿은 우리 성도들도 우리의 말과 얼굴과 생활에서 예수님의 형상이 나타나고 있는지 스스로를 돌아보아야 합니다. 예수님은 우리의 모델이십니다. "하나님이 미리 아신 자들을 또한 그 아들의 형상을 본받게 하기 위하여 미리 정하셨으니 이는 그로 많은 형제 중에서 맏아들이 되게 하려 하심이니라"(롬 8 : 29).

예수님은 "나는 마음이 온유하고 겸손하니 나의 멍에를 메고 내게 배우라"고 말씀하셨습니다. 우리의 신앙의 목표는 예수님의 얼굴로 예수님의 이름의 권세를 가지고 예수님이 하셨던 일을 하는 것입니다. 그것이 무엇입니까?

4. 그것이 교회의 사명입니다

예수님은 베드로의 "주는 그리스도시요 살아 계신 하나님의 아들이시니이다"라는 신앙고백 위에 교회를 세우셨습니다. 그리고 교회에 권세를 주셨습니다. 천국의 열쇠입니다.

예수님이 이 땅에 오셔서 하신 일이 무엇입니까? 예수님 믿고 죄 용서 받아 죽으면 천국에 가는 일입니다. 또 한 가지는 이 땅에서 천국을 건설하는 것입니다. 그것을 위해 천국 열쇠를 주셨습니다. 천국 열쇠가 무엇입니까?

교회가 하나님의 말씀을 전하여 천국으로 가는 길을 가르쳐 줍니다. 그러면 듣고 "자신의 죄를 회개하면 당신은 죄용서를 받습니다. 천국 백성이 되었습니다."라고 선포합니다. 그렇게 할 때 하늘에 계신 하나님이 교회에서 선포하는 대로 하시겠다는 것입니다. 땅에서 매면 하늘에서도 매고 땅에서 풀면 하늘에서도 풀린다고 했습니다. 또한 천국 열쇠란 하나님 나라를 이 땅에서도 가지고 누릴 수 있는 특권을 주셨다는 것을 의미합니다. 우리가 기도할 때 하늘 문이 열립니다. 그래서 하나님의 음성을 듣습니다. 성령님이 임하십니다. 놀라운 일들이 일어납니다. 성도들은 천국 문을 여는 열쇠를 가지고 삽니다.

「하늘나라 로얄 패밀리」를 쓴 원종수 권사는 충남 연기군에서 태어났습니다. 6·25전쟁 직후 먹을 것이 없어 밀기울 같은 것을 먹으며 자랐습니다. 그 어머니는 4살 때부터 아들을 위해 기도했습니다. 아들은 믿음으로 자랐지만 건강이 썩 좋지 않는 상태였다고 합니다. 그 때문인지 고등학교 성적이 480명 가운데 350등 정도였다고 합니다. 어느 날 기도 중에 하나님이 "너는 지금 무얼 하느냐? 내가 너에게 무엇을 줄꼬?" 그때 솔로몬의 지혜가 생각이 나서 지혜를 달라고 했습니다. 그 후 열심히 공부를 하고 시험을 볼 때면 답이 눈에 다 보였다고 합니다. 모든 과목이 상위권이었습니다. 그런데 수학 한 과목만은 점수가 낮았다고 합니다. 이유인즉 수학은 응용문제이므로 해답이 없었기 때문입니다. 이렇게 공부를 하여 350등 하던 학생이 5등을 하니 선생님도 학생들도 모두 놀랐습니다. 그 후 서울의대에 들어갔고, 1등으로 졸업했습니다. 의사고시도 1등이었습니다. 그 이후에도 하나님의 살아 계신 증거들이 많이도 나타났습니다. 하늘 문을 연 하늘나라 왕족이 어떠하다는 것을 보여 주었습니다.

요한복음 10장 10절에 예수님이 이 세상에 오신 것은 우리가 생명을 얻고 풍성한 삶을 살게 하시려고 오셨다고 했습니다. 그 풍성한 삶이란 이 땅 위에서 신령한 능력과 은혜를 누리는 것입니다. 하나님 나라의 삶을 사는 것입니다.

5. 예수님이 이 땅 위에 오신 목적이 무엇입니까?

하나님 나라를 회복시켜 주시기 위해 오셨습니다.

하늘나라는 어떤 곳입니까? 소경이 눈을 뜨는 것입니다. 앉은뱅이가 일어나는 것입니다. 한센병자가 낫는 것입니다. 죽은 자가 살아나는 것입니다. 포도주 떨어진 잔칫집에 최상의 질 좋은 포도주가 공급되는 것입니다. 빈들에서 허기진 사람들이 배불리 먹는 것입니다. 풍랑 이는 바다에서 풍랑이 잠잠해지는 것입니다. 귀신 들린 사람에게서 귀신이 쫓겨나고 극히 건강한 사람으로 회복되는 것입니다. 할렐루야! 이것이 복음입니다.

예수님이 오신 것은 하나님의 형상을 회복시키시기 위함입니다. 하나님의 얼굴, 이것이 우리의 영적인 목표입니다. 예수님이 가지셨던 그 통치권을 가지고 하나님의 대행자로 예수님이 하셨던 하나님 나라를 선포하는 것입니다. 가르치는 것입니다. 드러내는 것입니다. 내가 누리고 내 이웃에게 나아가 열방이 누리게 하는 것입니다. 그 회복의 사역이 우리에게 주어진 것입니다.

적용과 나눔

1. 그리스도와 하나님 아들의 의미는 무엇입니까?

2. 예수님이 오셔서 이 땅 위에서 하신 일이 무엇입니까?

3. 교회란 무엇이며 그 사명이 무엇입니까?

W.o.r.k.s.h.o.p.

1. 예수님께 이 세상에서 변화되어야 할 한 가지를 요청할 수 있다면 무엇을 요청하고 싶으며, 그 이유는 무엇인지 이야기해 보자.

2. 내가 예수님처럼 한 가지의 기적을 일으킬 수 있다면 어떤 기적을 일으키고 싶으며, 그 이유는 무엇인지 이야기해 보자.

3. 지금 누군가와 갈등을 겪고 있거나 혹은 생각나는 사람이 있다면 회복과 감사의 편지를 써 보자.

5장

하나님의 얼굴

갈라디아서 5 : 22~23

"오직 성령의 열매는 사랑과 희락과 화평과 오래 참음과 자비와 양선과 충성과 온유와 절제니 이 같은 것을 금지할 법이 없느니라"

1. 좋은 성품

「좋은 생각」이란 책에 "가장 멋진 인생"이란 글이 있습니다.

가장 현명한 사람은 늘 배우려고 노력하는 사람이고,

가장 훌륭한 정치가는 떠나야 할 때가 되었다고 생각이 되면 하던 일을 후배에게 맡기고 미련 없이 떠나는 사람이며,

가장 겸손한 사람은 개구리 되어서도 올챙이적 시절을 잊지 않는 사람이다.

가장 넉넉한 사람은 자기한테 주어진 몫에 대하여 불평불만이 없는 사람이고,

가장 강한 사람은 타오르는 욕망을 스스로 자제할 수 있는 사람이며,

가장 겸손한 사람은 자신이 처한 현실에 대하여 감사하는 사람이다.

가장 존경 받는 부자는 적시적소에 돈을 쓸 줄 아는 사람이고,

가장 건강한 사람은 늘 웃는 사람이며,

가장 인간성이 좋은 사람은 남에게 피해를 주지 않고 살아가는 사람이다.

가장 좋은 스승은 제자에게 자신이 가진 지식을 아낌없이 주는 사람이고,

가장 훌륭한 자식은 부모님의 마음을 상하지 않게 하는 사람이며,

가장 현명한 사람은 놀 때는 세상 모든 것을 잊고 놀며 일할 때는 오로지 일에만 전념하는 사람이다.

가장 좋은 인격은 자기 자신을 알고 겸손하게 처신하는 사람이고,

가장 부지런한 사람은 늘 일하는 사람이며,

가장 훌륭한 삶을 산 사람은 살아 있을 때보다 죽었을 때 이름이 빛나는 사람이다.

멋진 인생은 멋진 인격의 사람이 될 때 그렇게 살아갈 수 있습니다. 하나님이 사람을 만드실 때 하나님의 형상으로 만드셨습니다. 그런데 죄를 지음으로써 하나님의 형상이 사라져 버렸습니다. 그래서 형편없는 존재가 되었습니다.

얼마 전 어린 소녀가 폭행을 당했습니다. 정상적으로 배변조차 할 수 없어 배변 주머니를 차게 된 어린 딸을 둔 아버지의 마음은 찢어질듯 아팠습니다.

그 아이의 아버지는 몹쓸 짓을 한 자를 향해 울부짖으며 말했습니다. "이 짐승만도 못한 놈아!" 그렇습니다. 인간은 짐승만도 못한 존재가 될 수 있습니다. 악마 같은 존재가 될 수도 있습니다.

이런 인간들을 하나님의 아들이신 예수님이 오셔서 회복시켜 주시기를 원했습니다. 예수님은 하나님의 아들로서 세상에 오셨습니다. 하나님의 아들이란 하나님의 씨란 말입니다. 말의 새끼는 말의 씨가 있고 소의 새끼는 소의 씨가 있습니다. 민들레는 민들레 씨가 있고 사과는 사과 씨가 있습니다. 하나님의 자녀는 하나님의 씨, 요즘 말로 하면 하나님의 DNA가 있습니다. 예수님을 믿는 자에게는 아들이 들어오십니다(요일 5 : 11 – 12). 그래서 그 씨(Sonship)를 통하여 그 하나님의 형상을 이루어 가야 합니다. 그것이 우리의 영적인 목표입니다.

얼굴은 그 사람의 인격을 나타냅니다. 링컨은 말했습니다. "사람이 40대가 되면 자기 얼굴에 책임을 질 줄 알아야 합니다." 우리는 어떤 얼굴을 지녀야 합니까? 요즘은 외모로 드러난 얼굴만으로는 그 사람을 잘 모르는 경우가 있습니다. 열길 물속은 알아도 한 치도 안 되는 사람 마음은 알 수가 없습니다.

어떻게 해야 사람의 됨됨이를 알 수 있습니까? 그 사람과 오랫동안 지내보아야 합니다. 살아 보아야 합니다. 그가 어떤 사람인가를 알아보려면 권력을 주어 보라고 했습니다. 권력을 쥐어 볼 때 그 사람의 인격이 나타난다는 것입니다. 교회의 직분은 계급이 아닙니다. 섬기는 직분입니다. 그럼에도 집사 시절에 아무 문제가 없던 사람들이 장로가 되거나 권사가 되면 무슨 벼슬이나 한 것처럼 교만하거나 다른 사람을 무시하는 경우가 있습니다.

돈을 많이 가져 볼 때 그 사람의 인격이 나타납니다. 시간 사용을 통해 내가 어떤 사람인지를 알 수 있습니다. 나는 여가 시간에 무엇을 합니까? 그 사람의 말을 통하여 그 사람의 품위를 저울질할 수 있습니다. 여러분은 어떤 사람입니까? 인격은 어둠 속에 있을 때 제대로 나타납니다. 어두움은 고난과 인생의 위기를 의미합니다.

저는 아내를 사랑한다고 생각했습니다. 아픈 사람을 곁에 두고 살면서 불쌍하게 생각하고 함께 아파도 했습니다. 그런데 "잔병에 효자 없다."는 말이 옳습니다. 시간이 오래 가니 힘들어하고, 피곤해 하고, 짜증 내고, 왜 나는 이렇게 힘들게 살아야 하는가? 참 이기적인 존재이구나! 저 역시 목사이지만 별 수 없는 존재임을 깨달았습니다. 하나님이 나를 사랑해 주시는 그 사랑을 갖는다는 것이 가까운 가족에게서부터 얼마나 어려운 일인가 알게 되었습니다.

우리는 온전하지 않습니다. 서로가 서로를 보면서 내 자신을 다듬어 가야 합니다. 우리 주변에는 나와 다른 다양한 사람들이 있습니다. 왜 하나님이 이런 사람들을 우리 주변에 두시는 것일까요? 하나님은 그런 사람들을 통해 우리의 모난 부분을 깎아 내시고 거친 부분을 다듬으시기 원하십니다. 야곱의 얄팍한 인성을 고치시려고 하나님은 10배가 더 교활한 라반을 붙여 주셨습니다. 모세를 다듬기 위해 광야에서 40년 동안 훈련시키셨습니다. 내가 처한 환경도 내 신앙의 인격을 만들기 위해 주셨습니다. 그러므로 내 곁에 있는 환경도 사람도 다 내게 필요해서 주셨다고 받아들여야 합니다. 나를 더 큰 믿음의 그릇으로 사용하기를 원하십니다.

하나님은 우리를 예수 그리스도를 닮은 작품으로 만들고 계십니다. 하나님은 우리의 안일보다 사역보다 우리의 인격에 더 많은 관심을 두고 계십니다. 바울은 로마서 8장 29절에 "하나님이 미리 아신 자들을 또한 그 아들의 형상을 본받게 하기 위하여 미리 정하셨으니 이는 그로 많은 형제 중에서 맏아들이 되게 하려 하심이니라"라고 했습니다. 예수님을 우리의 모델로 주셨다는 말씀입니다. 예수님은 마태복음 11장 28~29절에 나는 마음이 온유하고 겸손하니 나의 멍에를 메고 내게 배우라고 하셨습니다. 예수님의 온유하고 겸손하신 인격을 본받아야 합니다.

우리는 좋은 성품을 가진 사람이 좋은 인격을 가졌다고 할 수 있습니다. 믿음생활을 얼마나 잘했느냐는 어떤 일을 많이 했느냐도 중요하지만 내가 얼마나 하나님의 성품을 닮았는가 하는 데 있습니다. 하나님의 성품은 무엇입니까? 내가 예수님을 믿고 성령님의 임재와 능력을 통해 내 속에서 이루어져 가는 성품, 그것은 오늘 주신 말씀인 성령의 아홉 가지 열매입니다. 이 아홉 가지를 3개씩 구분하여 설명하고자 합니다. 첫째는 하나님과의 관계, 둘째는 이웃과의 관계, 세 번째는 자신과의 관계입니다.

2. 하나님과의 관계에서 이루어지는 인격 : 사랑, 희락과 화평

사랑, 희락, 화평, 이 세 가지는 예수님을 내 마음속에 구주로 영접하고 살아갈 때 이루어지는 성품입니다.

하나님이 나를 사랑하신다는 것이 복음 중의 복음입니다. 그 하나님의 사랑이 깨달아지는 것이 은혜입니다. 그 사랑에 감격하여 예수님 영접하고 나니 성령님이 오셔서 내 심령을 다스려 주시기 시작합니다. 그래서 열매가 맺혀집니다.

사 랑

사랑에는 연인과의 사랑이 있습니다. 그리워하고 소유하고 싶어하고 함께 있고 싶은 사랑입니다. 친구 간의 사랑도 있습니다. 편안하고 친밀한 수평적인 관계에서의 사랑입니다. 부모와 자식 간의 사랑입니다. 주어도 주어도 끝이 없는 사랑입니다. 마지막 신적인 사랑이 있습니다. 조건 없이 대가 없이 희생적으로 사랑합니다. 그것을 아가페라고 합니다. 성령님이 함께하실 때 신적인 사랑으로 변화된다는 것입니다. 여기서 말하는 사랑이란 바로 이런 하나님의 사랑입니다.

하나님이 주신 신적인 사랑, 그것은 너를 살리기 위해 나를 희생시키는 그런 사랑입니다.

희 락

희락이란 기쁨입니다. 기쁨의 극치를 의미합니다. 환경과 조건을 뛰어넘는 기쁨입니다. 상대방이 잘해 주어서 오는 기쁨도 아닙니다. 이런 때는 기쁘고 저런 때는 슬픈 감정이 아닙니다. 이 기쁨은 소유에서 오는 것도 아니며, 지식에서 오는 것도 아닙니다. 이것은 예수님 때문에 오는 기쁨입니다. 이것은 하나님이 주시는 기쁨, 신령한 기쁨입니다. 절대적인 기쁨입니다.

하나님의 은혜를 깨달았을 때 오는 기쁨입니다. 주님 안에 있는 기쁨입니다. 그 사랑을 느끼는 기쁨입니다. 영혼 깊은 곳에서 솟아나는 기쁨입니다. 바울은 감옥에 가 있어도 이 기쁨이 있었습니다. 내일 죽을지도 모르는 상황에서 감옥 밖의 성도들에게 기뻐하라고 했던 그 기쁨입니다.

화 평

화평은 하나님과의 관계의 회복에서 옵니다. 하나님과 원수 되었던 인생, 그래서 지옥에 가야 할 영혼이 예수님 믿고 구원받았습니다. 마음에 불안도 두려움도 사라졌습니다. 죄책감도 사라졌습니다. 어떤 갈등도 욕심도 사라지고, 이 마음 이대로 행복합니다. 지금 세상 떠나도 천국으로 갑니다. 앞으로 어떤 고난이 있고 힘든 삶의 환경이 찾아와도 주님 안에 있습니다. 그래서 편안합니다. 질병이 있고 육신적인 고통이 있어도 심령은 평안합니다. 샬롬! 이것이 평안입니다. 내가 하나님과의 관계가 회복될 때 평안이 있습니다. 이 평안은 성령님이 주시는 평안입니다. 환경을 초월하는 것입니다. 내 심령에 평안이 있습니다. 그것이 천국입니다. 그러니 이웃과도 화평할 수밖에 없습니다. 피스 메이커(Peace maker)가 됩니다. 내가 다른 사람과의 관계가 좋지 않다면 그 이유가 무엇인지 살펴보아야 합니다. 로마서 14장 17절에 하나님의 나라는 먹고 마시는데 있는 것이 아니라 오직 성령 안에서 의와 희락과 평강이라 했습니다.

3. 이웃과의 관계에서 이루어지는 인격 : 오래 참음, 자비, 양선

오래 참음

오래 참음은 이제 더 이상 참지 않아도 될 만큼 참는 것입니다. 즉, 어떤 문제가 다 해결될 때까지 참아 내는 것입니다. 상대방이 변화될 때까지 참는 것입니다. 잘 참다가 중간에 더 이상 참지 못하겠다고 해서 문제가 더 커지는 경우가 있습니다.

인내할 때 더 큰 그릇의 인격을 갖게 됩니다. 인내할 때 더 깊은 신앙의 사람이 됩니다. 더 큰 문제를 막게 됩니다. 인내할 때 더 좋은 열매를 얻게 됩니다. 이제는 못 참겠다고 할 때 옛 성현들의 말처럼 한 번 더 참는 인격의 사람이 되어야 합니다. 성령님께서 함께하실 때 야고보의 말씀처럼 '길이 참는 사람' 이 됩니다. 길이 참는 사람이란 하나님의 뜻이 나타날 때까지 참는 것입니다. 이해가 되지 않아도 기도하면서 하나님께 그 결과를 맡깁니다. 그 문제를 보지 않습니다. 사람을 보지 않습니다. 그 뒤에 계신 하나님을 보는 것입니다.

자 비

다른 사람에게 친절한 것입니다. 좋게 대해 주는 것입니다. 좋은 것을 주는 것입니다. 예수님 믿고 내 마음에 사랑이 있고 기쁨이 있으니 누구든지 반가워하고 자연스럽게 친절하게 대해 줍니다. 도움을 주고 필요를 채워 줍니다.

양 선

양선은 자비보다 실천적이며 적극적입니다. 가령 자비가 찾아오는 사람을 친절하게 해 주고 사랑을 표현했다면 양선은 찾아가서 선을 베푸는 것입니다. 누가복음 10장에 보면 선한 사마리아인의 비유가 나옵니다. 선한 사마리아인은 길에 버려진 행인을 최선을 다해 돌보아 줍니다. 그 다음날도 찾아가 돌보아 줍니다. 동정은 일시적이지만 사랑은 반복적이고 의지적입니다. 우물이 없는 캄보디아에 가서 우물을 파 줍니다. 내가 받은 은혜, 내가 받는 사랑이 너무 커서 견딜 수가 없어 나누어 줍니다. 베풉니다. 사랑에 빚진 자가 되어 그 사랑을 갚으려 합니다.

4. 자신과의 관계에서 이루어지는 인격 : 충성, 온유, 절제

충 성

충성은 헬라어로 '피스티스' 입니다. 이 말은 믿음, 진실이란 뜻이 있기도 합니다. 성령님 역사하실 때 나는 진실한 사람이 됩니다. 믿음의 사람이 됩니다. 그래서 어떤 일을 맡겨도 그 일에 충성을 다할 수 있습니다. 인간관계에서 가장 중요한 기초는 신뢰입니다. 믿을 만한 사람인가 하는 문제입니다. 어떤 경우에도 예수님 믿는 사람으로 믿을 만한 사람이 될 수 있습니까? 그 사람은 보증수표라는 말을 들을 수 있는 인격의 사람입니까? 그것이 피스티스입니다.

온 유

온유란 야생마를 길들여 놓았을 때의 상태를 말합니다. 들에서 뛰어놀던 야생마는 거칩니다. 말을 잘 듣지도 않습니다. 아무나 치고받고 물곤 합니다. 그런데 코뚜레를 하여 이제는 온순해졌습니다. 말을 잘 듣습니다. 자신의 힘을 함부로 쓰지 않고 잘 조절합니다. 온유란 힘이 잘 절제되어 부드럽고 유순한 상태가 되는 것을 의미합니다.

성령님이 다스릴 때 야생마 같은 성품이 다 사라집니다. 예수님을 믿고도 거칠고 고집이 세고 꺾어질 줄 모르고 있다면 아직 믿음의 인격으로 가야 할 길이 멉니다. 예수님을 그렇게 오래 믿었어도 성격이 모가 나고 까칠까칠합니다. 그래서 다른 사람을 아프게 합니다. 이제 나는 내 불 같은 성미를 잘 절제하여 온화하고 친절한 사람이 되어야 합니다. 신앙생활을 그렇게 오래했다고 하면서 주변 사람들에게 저 사람 한 성미 한다는 말을 들어서야 되겠습니까?

절 제

자기를 다스리는 힘입니다. 자신의 욕정을 다스리는 힘입니다. 내 욕심을 다스리는 힘입니다. 내 성격을 다스리는 힘입니다. 셀프 컨트롤러(Self Control)입니다. 내가 나를 다스린다는 것, 내 감정을 마음을 다스린다는 것은 쉽지 않습니다. 사랑이 절제가 되지 않으면 불행이 올 수 있습니다. 희락이 절제가 되지 않으면 미치광이가 될 수 있습니다. 초상이 나서 슬퍼하고 있는 집에 가서 자기는 좋다고 피식 웃고 있다면 정상인이 아닙니다. 절제는 자동차의 브레이크와 같습니다.

초대교회의 스데반 집사는 순교를 하면서 그 얼굴이 천사와 같이 빛났다고 했습니다(행 6 : 15). 자기를 향하여 돌질을 하는 이들을 어떻게 용서하고 사랑하며, 죽음의 고통을 이기고 그런 빛나는 얼굴을 지닐수 있었을까요? 천사의 얼굴, 그것이 하나님의 얼굴입니다. 우리가 신앙생활하면서 직분도 사역도 중요하지만 더 중요한 것은 인격입니다. 되먹지 못한 사람이 하나님의 일한다고 열심을 내면 어떤 결과를 가져옵니까? 다른 사람에게 상처만 줍니다. 일을 그르치게 합니다. 교회에 어려움을 가져옵니다. 다른 사람도 일을 못 하게 합니다. 하나님 영광이 가려집니다. 그러므로 바울은 "온전한 사람이 되라 예수님에게까지 자라 가라"(엡 4 : 13)고 말씀하셨습니다. 베드로도 하나님은 우리가 세상 사람처럼 정욕을 따라 살지 말고 신의 성품에 참여하는 자가 되라고 했습니다(벧후 1 : 4-9).

5. 우리는 어떻게 그런 인격의 사람이 될 수 있습니까?

성령님과 늘 교제하며 사는 것입니다(마 17 : 1-8). 여호와를 앙망하는 것입니다(시 34 : 1-5). 성령님을 좇아 행하는 것입니다(갈 5 : 16).

한 나그네가 한 덩이의 진흙을 얻었습니다. 그 진흙에서는 아름다운 향기가 발산되었습니다. 나그네가 물었습니다. "너는 바그다드의 진주냐?" "진흙이 대답했습니다." "아니오." "그럼 너는 인도의 사향이냐?" "그것도 아닙니다." "그럼 너는 무엇이냐?" "나는 한 덩이의 진흙일 뿐입니다." "그런데 어디서 그런 향기가 나오느냐?" "그 비결을 말해 드릴까요? 나는 백합화와 함께 오래 살았습니다."

진흙이 지닌 향기의 비밀은 백합화와 함께 오래 살았기 때문에 아름다운 향기가 발산되었던 것입니다. 진흙과 같은 우리 인생이 주님과 함께할 때 주님의 향기가 내 속에 생겨나고 이웃에게까지 번져 나가게 될 것입니다.

예수님을 잘 믿었다는 것은 그가 얼마나 예수님의 향기를 발하는가? 하나님의 얼굴로 사는가에 달려 있습니다. 모세가 40일 하나님과 함께했을 때 그 얼굴이 빛이 나서 그냥 바라볼 수가 없었습니다. 그분과 함께할 때 그분의 향기가 나지 않을 수 없습니다. 우리는 그리스도의 향기입니다(고후 2 : 15).

적용과 나눔

1. 성령의 아홉 가지 열매를 정리해 보십시오.

2. 나의 장점과 단점은 무엇입니까?(장점 10가지 단점 3가지)

3. 좋은 인품을 지닌 사람이 되기 위해 힘써야 할 나의 십계명을 써 봅시다.

하나님의 얼굴

W.o.r.k.s.h.o.p.

1. 10년 후 내 모습을 그려 보자. 하나님과 얼마나 닮아 있을까?

2. 최고의 권력이 주어진다면 꼭 해 보고 싶은 일 세 가지는 무엇입니까?

3. 성령의 아홉 가지 열매를 둥근 피자처럼 그려 평가해 봅시다.
   가장 넓게 표현된 영역과 가장 좁게 표현된 영역의 각 열매들에 대해 구체적으로 어떤 상황에서 누구와 있을 때 열매를 맺기 쉽고 어려운지를 이야기하고 피드백을 나눈다.

4. 양쪽 면을 이용한 가면을 만들어 보자.
   하나님이 주신 얼굴과 내가 만들어 온 인생의 얼굴을 앞뒤 면에 각각 그려 보고, 두 얼굴이 어떻게 다르며 어떤 얼굴로 만들어 가고 싶은지를 이야기해 본다.

[6장]

왕 같은 제사장

베드로전서 2 : 9~10

"그러나 너희는 택하신 족속이요 왕 같은 제사장들이요 거룩한 나라요 그의 소유가 된 백성이니 이는 너희를 어두운 데서 불러내어 그의 기이한 빛에 들어가게 하신 이의 아름다운 덕을 선포하게 하려 하심이라 너희가 전에는 백성이 아니더니 이제는 하나님의 백성이요 전에는 긍휼을 얻지 못하였더니 이제는 긍휼을 얻은 자니라"

1. 우리는 하나님이 택하신 족속입니다

오래전 미국에서 어느 아들이 대학교에 입학하자 자동차를 사 달라고 아버지를 졸랐습니다. 아버지는 그 아들에게 잠언 2장을 읽으면 자동차를 사 주겠다고 약속했습니다. 그런데 아들은 계속해서 자동차를 사 달라고 졸라 대기만 했습니다. 아들은 "잠언 2장을 읽었어요. 사 주세요."라고 했습니다. 참다 못한 아버지는 화가 나서 말했습니다. "정말 읽었니? 네가 사 달라고 하는 그날 이미 잠언 2장 갈피에 자동차 살 돈을 다 넣어 두었다."

하나님은 우리에게 필요한 모든 것을 다 준비해 놓으셨습니다. 순종하면 이미 주어진 것들입니다. 그런데 순종하지 않고 늘 엉뚱한 것을 구하므로 응답도 받지 못하고 살아가고 있지는 않습니까?

하나님은 아담과 하와를 지으시고 하나님의 형상을 갖게 했습니다. 그리고 하나님을 대신하여 에덴동산을 관리하는 책임을 맡겼습니다. 즉, 생육하고 번성하여 다스리라 했습니다. 그래서 아름다운 에덴동산에서 행복을 누리게 하셨습니다. 그 누림을 통해 하나님께 영광을 돌리며 살게 해 주셨습니다.

그런데 아담과 하와가 타락하여 에덴동산에서 쫓겨났습니다. 하나님의 형상을 잃어버렸습니다. 마귀의 자식이 되었습니다. 마귀의 종이 되었습니다. 세상에서 물질의 종, 쾌락의 종, 죽음의 종이 되었습니다. 다스리는 권세를 잃어버렸습니다.

이런 인생들에게 하나님은 예수님을 보내 주셔서 회복시켜 주셨습니다. 예수님을 믿을 때에 하나님의 형상(Sonship)으로 회복되며, 예수님을 믿을 때에 그 통치권(Kingship)이 회복됩니다. 그래서 예수님이 이 땅에 오셔서 행하셨던 그 구원의 사역을 감당케 하십니다. 예수님을 믿는 사람들을 흔히 말하는 '작은 예수'로 이 땅 위에서 살게 하십니다.

오늘 주신 본문은 예수님으로 인하여 회복된 우리가 어떤 존재이며, 무엇을 하는 사람들인지를 가르쳐 줍니다. 오늘 주신 말씀에는 택하신 족속이라 했습니다. 왕 같은 제사장이라 했습니다. 거룩한 나라라고 했습니다. 소유된 백성이라 했습니다. 많은 사람 가운데 선택 받는다는 것은 얼마나 영광스러운 일입니까?

제가 군에 입대하여 훈련소에서 훈련을 마치고 자대 배치를 받기 위해 연병장에 앉아 대기하고 있었습니다. 장교가 군번을 부르고 부대를 배치할 때 참 부러운 친구들이 있었습니다. 우리는 군번을 부를 때마다 더블백을 매고 전방으로 가지 않나 조마조마 하고 있었습니다. 그런데 두 친구는 사전에 연락을 받았는지 그 무거운 더블백도 매지 않고 타월 한 장만 가지고 있었습니다. 인사 장교의 호명을 받고 보니 미군부대였습니다. "아! 저 친구들은 무슨 빽이 있길래 저렇게 좋은 곳에 가나!" 얼마나 부러워했는지 모릅니다. 선택을 받는다는 것은 얼마나 영광스러운 일입니까?

아가서에 보면 솔로몬과 술람미 처녀와의 연가가 나옵니다. 술람미 처녀는 시골에서 농사를 짓는 시골뜨기 처녀였습니다. 어느 날 왕이 시골에 와서 순시를 하다 술람미 여인을 만났습니다. 한눈에 반한 왕은 이 여인을 잊을 수가 없었습니다. 이 여인은 농사를 짓느라고 얼굴이 까무잡잡합니다. 공부를 많이 하지도 않았습니다. 재산이 많은 것도 아닙니다. 그 어떤 배경이 좋은 것도 아닌데 왕은 목숨을 다 바쳐 사랑하고 싶어합니다. 그래서 사랑의 고백을 해 오다 결국 이 술람미 여인을 아내로 삼습니다. 예루살렘 여인들은 도대체 왕이 왜 그런 여자를 선택하여 아내로 삼았는지 알 수가 없었습니다. 술람미 여인도 마찬가지입니다. "내 어여쁜 자! 내 사랑하는 자, 너는 내 것이라."고 고백하는 그 왕의 사랑 앞에 고개 숙여 황송하고 감사하다는 말밖에는 할 수가 없었습니다. 이 여인을 왕의 소유로 삼고 이 여인을 통해 나오는 자식으로 나라를 통치하고 싶어했습니다.

이 술람미 여인 같은 존재, 그것이 바로 우리 자신입니다. 거무튀튀한 죄로 소망도 없이 살다 이 땅을 떠나야 할 존재를 하나님은 신부로 삼으셨습니다. 왕궁의 가족으로 받아들이셨습니다. 영원히 왕궁에서 살게 해 주셨습니다. 그러므로 이 사랑의 은혜를 받은 성도들은 찬양을 하지 않을 수가 없습니다.

"아 하나님의 은혜로 이 쓸데없는 자 왜 구속하여 주는지 난 알 수 없도다. 내가 믿고 또 의지함은 내 모든 형편 아시는 주님 늘 보호해 주실 것을 나는 확실히 아네."

우리는 하나님의 은혜로 구원받아 어떤 존재가 되었다고 했습니까? 왕 같은 제사장이 되었다고 합니다. 하나님은 구약에서 이스라엘 백성을 택하시고 제사장 나라로 삼으셨다고 했습니다. 제사장 왕국으로 삼으셨다고 했습니다(출 19 : 5-6). 왕 같은 제사장이란 왕과 제사장의 임무를 겸한 존재라는 뜻입니다.

2. 나는 왕입니다

왕은 다스리는 자입니다. 왕의 임무는 백성을 잘 다스려 잘살게 해 주는 자입니다. 그 나라를 보호하고 지키는 자입니다. 왕은 절대적인 권세를 지녔습니다. 왕의 명령에 살기도 하고 죽기도 합니다. 우리는 하나님의 대행자입니다. 대행자라는 말은 왕을 대신하여 왕의 권세와 능력으로 왕이 할 일을 하고 있다는 말입니다. 그것은 현재적으로 설명하면 대사(ambassdor)와 같습니다. 대사는 한 나라를 대표하고 대통령을 대신하여 외국에서 본국의 일을 행하는 자입니다. 그렇습니다. 우리는 천국의 대사들입니다. 그리스도의 사신입니다.

예수님이 이 땅을 떠나시기 전 제자들에게 다스리는 권세와 능력을 주셨습니다. 마가복음 16장 17~18절에 "믿는 자들에게는 이런 표적이 따르리니 곧 그들이 내 이름으로 귀신을 쫓아내며 새 방언을 말하며 뱀을 집어올리며 무슨 독을 마실지라도 해를 받지 아니하며 병든 사람에게 손을 얹은즉 나음을 얻으리라 하시더라." 고린도전서 12장에 보면 하나님이 각양의 은사를 주셨습니다.

예수님의 제자들이 나가서 복음을 전할 때에 주께서 함께하사 말씀을 확실히 증언하셨다고 했습니다. 기독교의 복음은 말에 있는 것이 아니라 능력에 있다고 했습니다. 예수님의 제자들은 귀신을 쫓아냈습니다. 그래서 마귀에게 종이 아니라 다스리는 자임을 입증했습니다. 병든 자들의 병을 고쳐 주었습니다.

우리는 왕의 권세를 가졌습니다. 예수님의 이름으로 기도할 때 놀라운 일들이 일어났습니다. 사도행전 3장에 베드로와 요한이 예루살렘 성전 미문에 들어갈 때 앉은뱅이가 구걸을 했습니다. 베드로가 명령했습니다. "금과 은은 내게 없거니와 나사렛 예수의 이름으로 명하노니 일어나 걸으라." 앉은뱅이는 즉시 일어나 뛰며 걸으며 성전으로 들어가 하나님을 찬송했습니다.

바울과 실라가 감옥에 갇혀 있었습니다. 그것은 귀신을 내쫓아 준 일 때문이었습니다. 감옥에 갇혀 있는 동안 찬송과 기도를 드렸습니다. 옥문이 열렸습니다. 간수가 구원받는 일이 일어났습니다. 바울은 로마로 가던 중 풍랑으로 멜리데 섬에 머문 적이 있었습니다. 그곳에서 나뭇가지로 불을 피우다가 독사에 물렸습니다. 그곳 주민들은 바울이 필시 죄인이며 죽을 것이라 여겼습니다. 그러나 바울은 독사를 손에서 떨쳐 버렸습니다. 아무런 상함이 없었습니다. 그곳 원주민들은 바울을 신이라 했습니다(행 20 : 6).

그렇습니다. 자연도 영적인 세계도 질병도 다스리시는 전능하신 하나님! 하나님은 그 능력과 권세를 예수님을 통해 우리에게 주셨습니다. 지금도 그 이름의 권세를 가지고 명할 때에 하나님의 역사는 계속되고 있습니다.

몇 년 전 예배당 건축 중 임시 건물을 쓰고 있을 때였습니다. 금요기도회 때 예배를 마치고 각자 기도하는 시간이었습니다. 어두움 속에서 제 곁에서 누군가 제게 기도해 달라는 사람이 있었습니다. 돌아보니 우리 교회에 30대의 젊은 여 집사님이었습니다. 아기를 낳으면서 잘못되어 항문으로 변이 나오지 않고 자궁으로 나오는 바람에 경북대병원에서 수술을 받았습니다. 그런데 1년 후에 재발되어 영남대학병원에 입원하여 두 달여 만에 퇴원을 했습니다. 어느 때에 반주를 한다고 앉았는데 항문을 봉하고 옆구리를 뚫어 팩을 차고 있었습니다. 너무나 안쓰러웠습니다. 그러면서 한편 대견하다는 생각이 들었습니다. 늘 밝은 모습으로 신앙생활을 하고 있었기 때문입니다. 그런데 그 여 집사님이 기도를 해 달라고 했습니다. 왜냐고 했더니 그 병이 다시 생겼다는 것입니다. 그 말을 듣는 순간 마음이 아프고 속이 상했습니다. 손을 얹고 기도하는데 기도가 되지를 않았습니다. 한 주가 지나고 두 주째 되었을 때쯤 주일예배를 마치고 나오는데 그 집사님이 운동장에 있었습니다. "괜찮으세요?" 하고 물으니 괜찮다고 했습니다. 하나님이 고쳐 주셨다고 고백했습니다. 그러면서 그 여 집사님은 큰 명언을 남겼습니다. "지금껏 목사님 기도를 들어 보았지만 그 날처럼 못하는 기도는 처음이었어요. 그런데 성령님의 역사는 내가 느끼는 기도의 감동과는 아무 상관이 없는 것 같아요."

이런 하나님의 역사는 얼마든지 일어납니다. 그런데 우리에게는 왜 그런 역사가 일어나지 않습니까? 그것은 우리가 그런 권세와 능력을 사용하지 않기 때문일 것입니다. 이제 왕의 기도를 할 수 있기 바랍니다. 손을 들어 명령기도를 할 수 있기를 바랍니다. 귀신이 물러가고, 환경에 변화가 일어나고, 사람의 마음에 변화가 일어나고, 질병이 치유 받는 놀라운 권세를 경험할 수 있기를 바랍니다.

왕의 임무는 백성이 잘살게 해 주어야 하는 것입니다. 예수님 이름으로 축복기도를 많이 해 주십시오. 심지어 농부는 식물을 보고 키우는 동물을 보면서도 축복기도를 할 때 하나님의 기적이 일어날 줄 믿습니다. 생업에도 복을 받아야 합니다. 후손들이 잘 되어야 합니다. 우리는 이 땅에서도 왕이지만 저 천국에서 영원히 왕 노릇하는 사람들입니다(계 22 : 5).

3. 나는 제사장입니다

제사장은 누구입니까? 택한 백성의 죄를 가슴에 품고 하나님 앞에 가서 죄를 사함 받게 해 달라고 용서를 구하는 사람입니다. 백성 대신 제사를 드려 죄 사함을 얻게 하는 자들입니다. 내가 받은 은혜와 축복이 너무나 커서 아직도 하나님을 모르는 사람들을 가슴에 품고 하나님께 나아가는 일을 해야 합니다. 그들이 죄 사함을 받고 구원받는 자들이 되도록 말입니다.

4. 나는 선지자입니다

선지자는 누구입니까? 왕의 대행자가 되어 왕의 뜻을 백성들에게 알리는 자입니다. 하나님은 이사야, 예레미야, 에스겔, 다니엘과 같은 예언자들을 세워 하나님의 뜻을 알렸습니다. 예수님은 하나님의 뜻을 이루는 것이 나의 양식이라 했습니다(요 4 : 34).

하나님이 베푸신 사랑과 그 은혜를 사람들에게 널리 알리는 것입니다. 왕의 뜻을 전하는 것입니다. 그것이 설교이며 전도입니다. 예수님이 이 땅 위에 오셔서 십자가를 지고 죽으시고, 부활하시고, 재림하실 것을 전하는 것입니다.

나는 왕이며, 제사장이며, 선지자입니다. 그렇다면 이런 직분을 가지고 궁극적으로 무엇을 해야 합니까? 거룩한 나라를 만들어야 합니다. 우리는 거룩한 나라입니다. 하나님이 다스리시는 나라입니다. 복음 나라입니다.

이 땅 위에서 천국을 건설하는 것이 우리들의 목표입니다. 내가 살고 있는 가정, 교회, 공동체에 하나님의 다스림이 있는, 이 땅 위의 에덴을 만드는 일에 쓰임 받는 우리들이 될 수 있기를 바랍니다.

적용과 나눔

1. 거듭난 그리스도인의 신분은 어떻게 불려집니까?

2. 예수님을 통해 회복된 다스리는 권세는 무엇입니까?

3. 나는 앞으로 다스리는 권세를 어떻게 사용하겠습니까?

왕 같은 제사장

W.o.r.k.s.h.o.p.

1. 내가 만약 한 나라의 왕이라면 어떤 영역에 가장 많은 비중을 두고 재정을 투자해 보고 싶은가?

2. 칭찬 세례를 퍼 붓기
   둥근 원을 만들어 중앙에 한 사람을 세운 후 둘러선 사람들이 자발적으로 칭찬하며 안아 준 후 동일한 방법으로 모두에게 적용하여 왕 같은 존재로서의 자존감을 회복한다.

3. 왕 노릇하기 게임
   차례로 돌아가면서 왕이 된 것처럼 누군가에게 명령할 때 명령을 받은 상대방은 "예잇~ 분부대로 하겠습니다."라고 말하며 순종한다.
   예) L자매님, 물 한 컵만 대령하시오. C형제님, 그 자리에서 노래를 불러보시오. H자매님, 그 자리에 편히 누워 보시오 등

[7장]

지금 여기서의 하나님 나라

누가복음 17 : 20~21

"바리새인들이 하나님의 나라가 어느 때에 임하나이까 묻거늘 예수께서 대답하여 이르시되 하나님의 나라는 볼 수 있게 임하는 것이 아니요 또 여기 있다 저기 있다고도 못하리니 하나님의 나라는 너희 안에 있느니라"

한 어린이가 목사님께 묻습니다. "목사님, 천국이 정말로 좋은 곳입니까?" "그럼 좋고 말고!" 어린이가 계속해서 묻습니다. "그럼 목사님은 천국을 가서 보신 적이 있어요?" "아니." "그런데 목사님은 천국이 좋은지를 어떻게 알아요?" "그건, 천국에 간 사람들 중에서 한 사람도 돌아온 사람이 없거든."

그렇습니다. 천국은 너무 좋은 곳이어서 한 번 가고 나면 다시는 오지 않는 곳이기도 합니다. 그러나 예수님은 그곳에 살다가 오신 분이십니다. 예수님은 이 땅에 살고 있는 사람들을 천국으로 인도하기 위해 이 세상에 오셨습니다. 그러기에 예수님은 요한복음 14장 6절에서 "내가 곧 길이요 진리요 생명이니 나로 말미암지 않고는 아버지께로 올 자가 없느니라"라고 말씀하셨습니다.

1. 죽음, 그 이후의 하나님 나라

그렇습니다. 예수님을 믿으면 천국에 들어갑니다. 그런데 그 천국은 장소적인 개념의 천국입니다. 오늘 예수님은 또다른 천국에 대하여 말씀하십니다. 제자들이 천국이 언제 오느냐고 물었습니다. 제자들의 마음속에 이 세상의 종말이 오면 그때 천국이 임할 것으로 알고 물었던 것입니다. 그렇습니다. 예수님이 이 세상에 재림하시거나 내가 예수님을 믿고 죽으면 우리는 천국에 들어갑니다. 그 천국은 장소적 개념의 천국이라 할 수 있습니다.

요한복음 14장에 예수님은 천국을 '내 아버지 집' 이라 하셨습니다. 요한계시록 21~22장에 나오는 새 하늘과 새 땅이 전개된 곳입니다. 에덴동산입니다. 이 세상의 모든 불행이 사라지고 고난이 없는 나라입니다. 먹는 것, 마시는 것 때문에 고생하지 않아도 되는 나라입니다. 질병도 죽음도 없는 나라입니다. 최상으로 아름다운 나라, 길이 정금으로 되어 있고, 그 성벽에 진주들이 박힌 나라입니다. 그곳이 우리에게 예비되어 있습니다. 요한계시록 21장 7절에 이기는 자들에게 그 나라가 상속된다고 했습니다.

여러분 우리에게 그렇게 좋고 아름다운 나라가 있기에 오늘의 고난도 아픔도 이기며 살아갈 수 있습니다. 나는 죄인입니다. 그러기에 지옥 갈 수밖에 없습니다. 그런데 예수님이 나를 위해 죽으셨습니다. 그 공로를 믿을 때 죄 용서 받고 하나님의 자녀가 되고 천국에 들어갑니다. 믿습니까? 아무리 힘들고 어려운 일들이 온다 해도 내가 믿는 예수님에 대한 그 믿음은 지킬 수 있기를 바랍니다. 끝까지 믿음을 지켜 믿음의 싸움에서 승리할 수 있기를 바랍니다. 그래서 이기는 자에게 주시는 하나님 나라를 상속받을 수 있기를 바랍니다.

2. 지금 여기서의 하나님 나라

예수님은 장소적 개념의 천국을 질문하는 제자들에게 이 땅 위에서의 하늘나라에 대하여 말씀하셨습니다. 이 땅 위에서의 하나님 나라는 무엇입니까? 예수님은 하나님의 나라는 여기 있다 저기 있다 할 것이 아니라 너희 마음에 있다고 했습니다.

천국은 죽은 이후에 들어가는 미래의 나라입니다. 그러나 지금 말씀하시는 하나님의 나라는 지금 현재 여기에서의 하나님 나라를 의미합니다. 그러므로 하나님의 나라는 이미 여기 와 있고 아직도 오지 않았습니다. 영어로는 예수님이 이 세상에 오시면서 벌써 왔습니다. Already(현재)입니다. 그러나 Not yet(아직)입니다.

그렇다면 우리 안에 있는 하나님 나라는 무엇입니까? 하나님이 내 마음과 생각과 의지를 다스리는 나라입니다. 성령님이 내 마음을 다스릴 때 내 마음은 천국이 되는 것입니다.

예수님은 요한복음 10장 10절에서 도적이 온 것은 도적질하고 죽이고 멸망시키기 위해 왔으니 예수님은 양들로 하여금 생명을 얻고 더 풍성한 삶을 얻도록 하기 위해 이 세상에 왔다고 했습니다. 지금도 사탄은 우리의 것을 빼앗아 가려고 합니다. 에덴동산에서 빼앗아 갔던 우리의 행복, 자유, 기쁨, 안식을 빼앗아 가려고 합니다. 그러나 예수님은 우리로 하여금 예수님 믿고 생명을 얻게 하고, 더 풍성한 삶을 살도록 하기 위해 이 땅에 오셨다고 했습니다. 풍성한 삶은 이 땅에서 하나님 나라를 맛보고 누리며 사는 삶입니다.

소녀 두 사람이 바닷가를 거닐며 조개껍질을 줍고 있었습니다. 두 소녀는 저마다 예쁘고 좋은 조개껍질을 주우려 했습니다. 어느 순간 두 소녀 앞에 아주 곱고 예쁜 조개껍질이 나타났습니다. 서로 먼저 주우려고 손을 내미는 순간 손이 겹쳐졌습니다. 힘이 있는 소녀가 주웠습니다. 줍지 못한 소녀는 뾰로통해졌습니다. 그러나 잠시 후 힘이 약한 소녀는 진주조개를 주웠습니다. 그 이후 힘이 강한 소녀가 아무리 좋은 조개를 많이 주워도 부럽지 않았습니다. 바울은 고린도후서 6장 9절 이후에 우리는 아무것도 없는 사람 같으나 모든 것을 가졌다고 했습니다. 할렐루야! 영적인 부요함을 누릴 수 있기를 바랍니다.

성령님 안에서 맛보는 의와 평강과 희락

바울은 로마서 14장 17절에 하나님의 나라는 먹고 마시는 것에 있는 것이 아니라 오직 성령 안에서 의와 평강과 희락이라 했습니다. 이 땅에 먹고 마시는 즐거움이 얼마나 큽니까? 그러나 성령님 안에서 맛보는 의와 평강과 희락은 차원이 다른 하나님 나라의 행복이라 말하고 있습니다.

의란 하나님과 원수 되었던 사람이 예수님을 믿음으로 하나님과 화해가 되어 아들의 관계가 회복된 것을 말합니다. 평강은 아들이 되니 아무 걱정 근심 없이 모든 것이 만족된 상태입니다. 희락은 기쁨의 극치입니다. 이 땅에서도 세상이 줄 수 없는 평안, 기쁨, 안식을 누리는 것입니다. 예수님을 믿고 구원을 얻는다는 것은 이 세상 모든 속박에서 자유를 얻는 것입니다. 주님 한 분만으로 내 마음에 부족함이 없이 채워짐을 경험하는 것을 의미합니다.

바울은 복음을 전하다 감옥에 갇혔습니다. 애매하게 투옥된 데다가 실컷 얻어맞고 온몸이 상처투성이입니다. 그런데도 밤중에 일어나 기도하고 찬송합니다. 그러자 지진이 나서 옥터가 움직이고 차꼬가 풀립니다. 탈옥할 수 있었지만 자결하려는 간수를 살리고자 그냥 남아 있었습니다. 내일을 알 수 없지만 하나님이 함께하시고 사랑을 믿기에 평안과 기쁨이 있었습니다.

바울은 로마 감옥에 갇혀 있는 동안에도 말씀하고 있습니다. "기뻐하라 주 안에서 기뻐하라 관용하라 그리고 기도하라 그리하면 평강의 하나님이 너희 마음과 생각을 지키시리라"(빌 4 : 4-7)고 했습니다. 예수님은 풍랑이 이는 바다 위에서 잠을 주무셨습니다. 예수님이 세상을 떠나시기 전 제자들에게 주신 것이 있습니다.

"평안을 너희에게 끼치노니 곧 나의 평안을 너희에게 주노라 내가 너희에게 주는 것은 세상이 주는 것 같지 아니하니라 너희는 마음에 근심도 말고 두려워하지도 말라"(요 14 : 27). 그러므로 저와 여러분은 하나님이 부어주시는 이 놀라운 기쁨과 평안을 누리시기 바랍니다. 하나님 나라가 우리 안에 임하기를 기도하시고, 이 평안과 기쁨을 부어주시도록 기도하시기 바랍니다.

이 세상에는 의외로 겉은 화려하지만 그 영혼이 불쌍한 사람들이 얼마나 많은지 모릅니다. 참행복과 기쁨과 평안이 없어 아우성입니다. 돈이 있지만, 권세가 있지만, 세상에 각종 향락거리를 찾아다니지만 참만족이 없습니다.

천국을 건설해 가는 그리스도인

우리는 하나님 나라를 맛보며 누리며 살아야 합니다. 모든 문제를 해결해 주신 예수 그리스도의 승리가 나의 승리가 되어야 합니다. 이것을 누리지 못하는 사람들에게 이것을 누리게 해 주어야 합니다. 그것이 전도입니다. 천국은 나중에 죽어서 가는 곳만이 아닙니다. 지금 이곳에서 경험하고 누리는 것입니다. 이미 우리 안에 있는 천국을 누리십시오! 그래서 어떤 형편에서도 주님이 주시는 기쁨과 평안을 맛보시기 바랍니다. 그리고 그것을 이웃과 나누시기 바랍니다. 그래서 '우리 안에 있는 천국'이 '그들 안에 있는 천국'이 되고, 더 나아가 온 세상에 임하는 천국이 되기를 바랍니다. 그래서 이 땅 위에 천국을 건설해 가는 그리스도인들이 될 수 있기를 바랍니다.

어느 교회 목사님이 위암으로 병원에 입원 중이었습니다. 병실 문 밖에는 '면회사절'이란 글귀와 함께 이런 글귀가 붙어 있었습니다. '다만 불신 친구나 친지는 가함' 마침 불신 친구가 있어 면회가 허락되어 목사를 만났습니다.

친구는 측은한 생각으로 목사를 바라보며 물었습니다.

"어떤가?" "죽을병에 걸렸지. 누구나 한 번은 죽을병에 걸리는 법인데 내가 조금 먼저 걸린 셈이지." "어째서 기독신자에게 사절된 면회가 불신자인 나에게는 허락되었는가?" 목사는 친구의 손을 잡으며 눈물을 흘렸습니다.

"신자는 다 천국에 가서 다시 만나지만 자네 같은 불신자는 만날 수 없기 때문일세." "정말 천국과 지옥이 있다고 보는가?" "있다고 보는 게 아니라 있다고 믿네. 자네 다시 만날 수 있도록 예수 믿지 않겠나?" "지옥에 안 가기 위해서 예수를 믿겠네."

"그럼 되었어. 빨리 나가게." "왜 그리 서두르는가?" "자넨 다시 만날 수 있으니 그때 만나서 나머지 이야기를 하기로 하고 다시 못 만날 사람을 한 사람이라도 더 만나 봐야지." "……."

죽음 이후의 천국에 들어가도록 우리는 복음을 전해야 합니다. 그리하여 믿지 않는 사람들이 이 땅에서 천국을 경험하게 해야 합니다. 천국을 건설해야 합니다.

미국에서 있었던 한 작은 이야기가 있습니다. 한 소년이 거리에서 빵을 훔쳐 가지고 달아나다가 경찰에게 붙잡혔습니다. 소년은 곧 즉심에 넘겨졌습니다. 판사는 떨고 있는 소년을 내려다보면서 물었습니다. "왜 남의 빵을 훔쳤니?" "배가 고파서요." "빵 하나 사 먹을 돈이 없었니?" 소년은 고개를 끄덕이면서 말을 잇지 못했습니다. "엄마나 아빠한테 돈을 좀 달라고 할 수 있었을 텐데?" "집에는 중풍으로 누워 있는 할머니랑 열 살짜리 동생뿐이에요." "엄마와 아빠는 안 계시니?" "아빠는 도박을 하다가 구치소에 가신 지 오래되었고, 엄마는 아빠가 구치소에 간 후 집을 나가 버리고 말았어요."

소년은 더 이상 말을 잇지 못하고 눈물을 흘리고 있었습니다. 한참 동안 침묵으로 소년을 바라보던 판사는 "네가 한 짓은 5달러의 벌금형에 해당한다."고 말하면서 자기 지갑에서 5달러짜리 지폐 한 장을 꺼냈습니다. 그러면서 이렇게 말했습니다.

"이 5달러는 너처럼 가난하고 불쌍한 아이가 굶주림에 떨면서 거리를 헤매고 있는 동안, 나는 고급 식당에 앉아 맛있는 음식을 먹으면서 배를 채우고 있었던 것에 대한 나의 벌금이다." 그리고 판사는 5달러짜리 지폐를 자신의 모자에 담으면서 거기에 있던 모든 사람들에게 말을 합니다. "자, 여러분들도 벌금을 내시고 싶으면 이 모자 속에 넣어 주십시오."

모자가 돌기 시작하자 그 모금운동에 빠진 자가 없었습니다. 잠시 후 판사에게 돌아온 모자 속에는 지폐와 동전으로 가득 찼습니다. 판사는 그것을 소년에게 내밀었습니다. "자, 받으렴. 이 돈은 모두 네 것이다. 이 가운데서 네가 훔쳤던 빵값과 벌금으로 5달러만 내놓고 돌아가거라."

이때 증인석에 있던 빵집 주인이 눈물을 글썽이면서 그 소년을 끌어안았습니다. 그리고 이렇게 말했습니다. "내일부터 우리 집에 와서 나를 좀 도와줄 수 있겠니? 월급은 꼬박꼬박 후하게 챙겨 주겠다. 물론 빵은 마음대로 먹어도 좋고." 함께 그 자리에 있던 모든 사람들의 가슴에는 형언할 수 없는 기쁨과 감격, 그리고 사랑이 넘쳐흐르기 시작하였습니다. 그들은 모두 바로 그 자리에서 천국을 경험할 수 있었습니다.

우리는 천국의 건설자들입니다. 행복한 교회, 행복한 가정, 행복한 사회를 만들어 가는 '파라다이스 빌더들' 이 될 수 있기를 바랍니다.

레오 톨스토이는 "세 가지 질문"에서 "세상에서 가장 중요한 때는 바로 지금, 이 순간이고, 가장 중요한 사람은 지금 함께 있는 사람이고, 가장 중요한 일은 지금 내 곁에 있는 사람을 위해 좋은 일을 하는 것"이라 했습니다. 지금 여기, 이 순간, 내 곁에 있는 사람들을 위해 선한 일을 하는 것이 그리스도인들이 해야 할 일입니다.

그러기에 종교개혁자 칼빈은 "그리스도인의 첫째 의무는 보이지 않는 하나님의 나라를 보이게 하는 것이다."라고 했습니다.

적용과 나눔

1. 장소적인 천국과 통치적인 천국에 대하여 설명해 봅시다.

2. 이 땅 위에서 내가 천국을 누리며 살 수 있는 방법은 무엇입니까?

3. 나는 이 땅에서 어떻게 천국 건설자로 살아갈 수 있습니까? (뒷면에 있는 "사랑의 천국 방언"을 묵상하며)

지금 여기서의 하나님 나라

W.o.r.k.s.h.o.p.

1. 천국에 도착했을 때를 상상하여 미래 일기를 적어 보자.
   시간, 나이, 배경, 천국에 도착했을 때 첫마디, 예수님의 모습, 제일 먼저 보게 될 사람 등 상상력을 발휘하여 적어 본 후 발표한다.

2. 천국 체험하기
   두 사람씩 짝을 지어 눈을 가린 후 요플레를 떠 먹여 준다.

3. 천국 같은 가정을 만들기 위해 버려야 할 것과 꼭 있어야 할 것 세 가지를 적어 보자.
   적은 내용을 이야기 나눈 후 버려야 할 것을 찢어, 준비한 쓰레기 상자에 버리는 의식을 가져 보자.

사랑의 천국 방언

고맙습니다.
감사합니다.
미안합니다.
죄송합니다.
반갑습니다.
사랑합니다.
잘했습니다.
믿겠습니다.

애야 괜찮다 다 모르고 그랬는걸 뭘.
애야 괜찮다 다 나때문이다.
애야 괜찮다 내가 썩어야지.
애야 걱정마 밀알 하나가 땅에 떨어져
죽어만 봐라. 많은 열매를 맺느니라.

애야 잘 믿어야 한다.
애야 잘 살아야 한다.
애야 잘 죽어야 한다.
애야 영원한 천국에서 더 잘 살아야 한다.

(고 김중수목사)

지은이
양익모
장로회신학대학원(M. Div.)
계명대학교 대학원(Th. M.)
계명대학교 강사
영남신학대학교 강사
동신진학원 강사
현 대구만민교회 담임목사

출.애.굽. 프.로.젝.트. 3. 단.계.
복음 나라

초판발행 2010년 2월 7일
3쇄발행 2011년 7월 10일

지 은 이 양익모
펴 낸 이 채형욱
펴 낸 곳 한국장로교출판사
주 소 110-470 / 서울 종로구 연지동 135 한국교회100주년기념관 별관
전 화 (02) 741-4381 / 팩스 741-7886
영 업 국 (031) 944-4340 / 팩스 944-2623
등 록 No. 1-84(1951. 8. 3.)

ISBN 978-89-398-0666-5 / 978-89-398-0663-4(세트) / Printed in Korea
값 3,000원

기획편집차장 정현선 편집과장 이현주
교정·교열 원지현 본문편집 김지수, 김보경 표지디자인 김지수
업무과장 박호애 영업과장 박창원